50歳

からでも
間に合う

図解 かんたん
資産運用術

ファイナンシャルプランナー 岡崎充輝

彩図社

はじめに
資産運用を迷っている方へ

50代にさしかかり、老後のお金について考えない人はいないでしょう。子育てに追われ、なんとか教育費のメドがついたと思えば、今度は自分の老後資金。親の介護もあるかもしれません。本当に、お金の悩みはつきませんよね。

「ここまで頑張ってきたんだから、老後ぐらいゆっくりしたい」

そう思ってはいるものの、「実際のところは、どうやらそんな簡単にはいかないようだぞ」と不安に駆られているかもしれません。

そんな背景があるのでしょう。最近、50代の方から**「資産運用ってした方がいいんですか？」**という相談が急増しています。

「NISA《ニーサ》だ、iDeCo《イデコ》だ、投資信託だといろいろ騒がれているけど、何をどうしたらいいのか分からない」

「定期預金にしておくだけではもったいないので、運用した方がいいと勧められているけど、本当に運用した方がいいのか？」


皆さん、口々にこんな不安を漏らされます。

現在の50代の方の多くは、社会人になってすぐにバブル崩壊をまのあたりにし、30〜40代の時にはリーマンショックで苦しい思いを経験しています。

そのせいか、投資や資産運用についてあまり良いイメージを持っていない人も少なくありません。

ここまで遠巻きにしてきた分、急に世の中が「資産運用したほうがいい」という風潮になったことに戸惑ってしまいますよね。

「資産運用」はするべきなのでしょうか？
結論から言えば**「するべき」**です。

新型コロナの蔓延を経て、世の中はずいぶん変化しました。私たちが生活している環境が変わった以上、私たちの考えも変えていく必要があります。

だからと言っていきなり「株を買いなさい」とか「不動産投資を検討しましょう」ということではありません。むしろ、それは絶対にお勧めしません。

資産運用はギャンブルではありません。というよりギャンブルにしてはいけないのです。

もちろん、資産運用にもリスクはつきものです。しかし、ちゃんとした基本を知っていれば、そのリスクを少なくすることができます。

どちらかと言えば、**リスクを抑えながらリターンを得ることが「資産運用」**だと私は考えています。

こういう話をすると「やっぱり勉強しないと、資産運用は難しいんだ」と思われてしまうかもしれません。

そうですね。とかくお金関係の本は、とっつきにくいことが多いかと思います。

この本は、そういう方のためにできるだけ分かりやすい言葉で、図表をたくさん入れながら書きました。

この本の流れとオススメの読み方をざっと紹介しましょう。


まず、私たちに資産運用の必要はあるのか？

この疑問について、あらためて考えてみたのが1章です。

答えとしては先ほど書いた通り「資産運用はするべき」なのですが、私がそう考える理由を、社会状況なども含めてまとめました。


2章では、本格的に資産運用を考えるにあたって必要になる知識を書いています。

資産運用をするからにはぜひ成功したいものですが、そのためには、やはりある程度の知識が必要です。初めて資産運用に触れる方のために、最低限の、しかしとても大事な部分に絞って書きました。この章をお読みいただければ、ある程度の基礎がご理解いただけるはずです。

もしかしたら読み進めていくうちに、「資産運用の本なのに、具体的な運用の方法や手段の話が全然出てこない」という不満を抱かれる方もいるかもしれません。

2章の後半では、具体的な運用方法として**「投資信託」**をオススメしています。資産運用にはいろいろな方法がありますが、今まで運用をほとんど経験したことがない方であれば、投資信託がベストな選択です。

しかし、それをいきなり皆さんにお話ししても「どうして?」となってしまいます。2章では資産運用の基本を理解していただき、その上でこの基本に沿ってリスクを減らしてリターンを得る方法として、投資信託を解説しました。

ですので、ある程度資産運用についてご存じの方は72ページからお読みいただくのもいいかもしれません。


とはいえ、読者のみなさんの現在の資産状況はそれぞれ異なるはずです。これまでかなり頑張って貯金をしてきた方、退職金がある程度期待できる方、あるいは今後それなりに増やす必要がある方、それぞれの50歳からのスタートがあるでしょう。

スタートが違えば、ゴールも変わってくるはずです。

「毎年豪華な旅行を楽しむためには、あとどのくらい資産を増やせばいいのか?」

「ぜいたくをしたいわけではなくて、お金の心配をしなくてもいい暮らしがしたいんだけど、そのために参考になるものはないか？」

自分自身にどのくらいの額のお金が足りないのかによって、運用のしかたも変わってくるはずです。

50歳という年齢を考えれば、あまり無理はできない。無理なく、でもある程度増やせるとしたら、具体的にどのくらい増やせばいいのか？

そういう「無理のない具体的なゴールの金額」を、誰でも数値化できるようにしたのが3章です。

この3章はこの本の特徴です。

老後の不安に煽られて、なんだか「資産運用しなければならない」という風潮になってはいますが、そもそも資産運用なんて考える必要がないくらいの資産をすでにお持ちの方もいらっしゃるはずです。

重要なのは、もし老老資金が足りないのであれば、具体的にどれだけ必要で、老後までにどれだけ金額を準備すればいいのかという**具体的なゴール**のはずです。

ですから本書では、運用の本としては少し珍しく、具体的なゴールとなる数字を算出する方法について、1章分のボリュームをさいてお話ししています。

細かい数字が出てくるので、難しいと思われるかもしれませんが、そこは図表でカバーしながら分かりやすく解説していますので、ぜひお読みください。

最後の4章では、具体的な手段として、「ＮＩＳＡ」と「ｉＤｅＣｏ」という制度を紹介します。ニュースなどで話題になっているように、国は本気でみなさんの資産運用を考えた制度を作ってくれました。

２０２４年からは、ＮＩＳＡは「新ＮＩＳＡ」へと制度が変更になります。そのあたりも含めた制度への対応方法もまとめました。

すでにこういった制度を利用している方は、4章からお読みいただいても大丈夫です。

本書の流れはこんなふうになっています。

ただ、あくまでも本書の目的は、**「資産運用をギャンブルにしない」**というものです。

復習という意味でも、他の章もお読みいただければと思います。

読者の方の多くは、別に「ぜいたくをしたいから資産運用を考えている」というわけではないと思います。お金の不安から解放されるための方法として、資産運用という新しい分野にチャレンジしてみようと考えていらっしゃるでしょう。

大丈夫です。ギャンブルにならない資産運用は間違いなく可能です。

ここまで頑張って生きてこられて、あともうひとふんばり。ギャンブルにならない、無理のない資産運用について、ぜひ考えてみてください。

ファイナンシャルプランナー　岡崎充輝

もくじ

1章 50代に資産運用は必要か?

2章　成功するための資産運用の基本

3章 「老後」の解像度を高めてゴールを設定しよう

4章 50代からの資産運用戦略

1章
50代に資産運用は必要か?

1

「老後が不安」という病気

最近、「初心者のためのお金の勉強会」や「初めての資産運用講座」のようなタイトルのついたセミナーが大盛況です。

しかも会場をのぞくと、20代から30代の女性が多く目につきます。彼女たちは口をそろえて「老後が心配、老後が不安」と語ります。

50歳を超えた世代が言うのであればまだしも、20代や30代の女性も真剣に老後について考えているようです。資産運用は、すでにブームと言ってもいいかもしれません。まして50代の私たちは老後が不安ですよね。

このブームの発端は、2019年に金融庁から発表された**「老後資金は2000万円必要」**と書かれた報告書でしょう。この報告書が報道されたことで、「年金だけでは生活できない」「2000万円なんて普通の人には無理じゃないか」など、老後資金に対する漠然と

「老後資金2,000万円問題」とは…

「不足額約５万円が
毎月発生する場合には、
20年間で約1,300万円、
30年で
約2,000万円
の取崩しが必要」
（2019年金融審議会 市場ワーキング・グループ報告書「家計の金融行動に関する世論調査」より）

みんな
老後が不安

年代別の老後不安

	20代	30代	40代	50代	60~70代
1	お金	お金	お金	お金	健康
2	認知症	健康	健康	健康	認知症
3	自らの介護	認知症	認知症	認知症	自らの介護

（2019年金融審議会 市場ワーキング・グループ報告書「家計の金融行動に関する世論調査」より）

していた不安が現実の不安となりました。

報告書には「年代別の老後不安」という表も掲載されていますが、20代から50代まですべての年代で**「老後の不安はお金の不安」**となっています。ここまで来ると「老後資金が不足するかもしれない不安」は立派な国民病と言っても言い過ぎではないかもしれません。

そしてこの「老後資金が不足するかもしれない病（通称老後不安病）」と同時に出てくるワードが「資産運用」。

最近では、多くの金融機関・証券会社・保険会社がこの不安を利用して、「老後資金の準備＝資産運用」と宣伝しているようです。それどころか「資産運用をして老後資金の準備をしましょう」を「老後資金の準備には資産運用が必要です」にすり替えているようです。

おそらく日本人のほとんどは「資産運用＝老後資金の準備」と考えているのではないでしょうか。

しかし、これは大きな間違いです。老後資金の準備は資産運用でしないといけないわけではありません。**資産運用は老後資金準備のあくまでもひとつの方法**なのです。

これを理解しておかないと、すべてが運用ありきの話になり、不安が先行するあまり、運用の本質を見失うことになるのです。

ただし
報告書には…

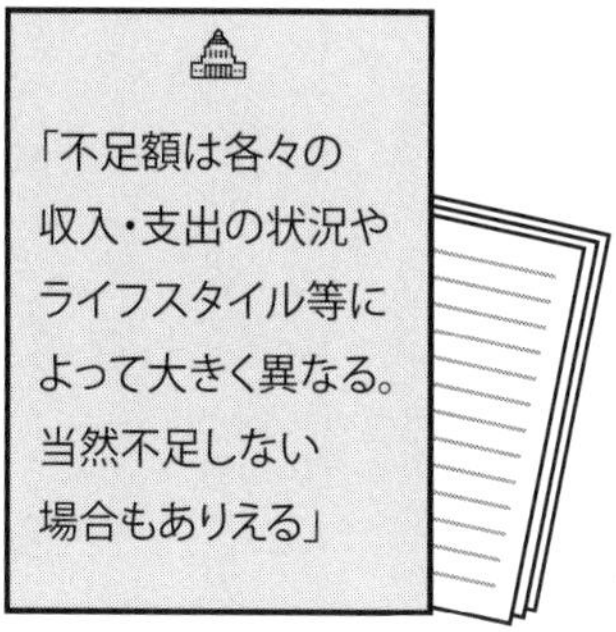
「不足額は各々の
収入・支出の状況や
ライフスタイル等に
よって大きく異なる。
当然不足しない
場合もありえる」

とも書いてある

老後資金の準備 ≠ 資産運用

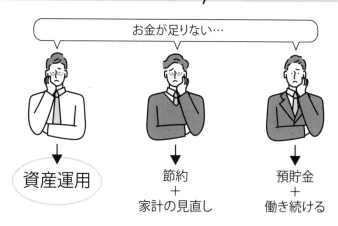

お金が足りない…

資産運用

節約
＋
家計の見直し

預貯金
＋
働き続ける

資産運用はあくまでもひとつの方法

「老後の準備に
資産運用は必須！」

銀行員

…という言葉は
うのみにしない方がいい

2

国も資産運用を勧めているが…

資産運用を勧めているのは、銀行や証券会社、保険会社だけではありません。じつは資産運用をもっとも勧めているのは、国なのです。むしろ日本の国が勧めていることに各金融機関が便乗していると言った方が正しいでしょうか。

もともとは、2001年小泉内閣の基本方針で**「貯蓄から投資へ」**というフレーズで金融政策に盛り込まれたのが始まりです。

しかし、日本人にはこの「投資」というフレーズにギャンブルというイメージがあるせいなのか、なかなか浸透しません。欧米諸国に比べて比較にならないほど、現金預金の割合が多く、投資には消極的なのです。

そこで国は、2014年の「NISA」を皮切りに、「つみたてNISA」「iDeCo」、さらに岸田内閣のもとで2022年に「資産所得倍増プラン」が策定され、2024年からNISA制度が拡充になるなど、次々と税制優遇のある運用制度をつくり、キャッチフ

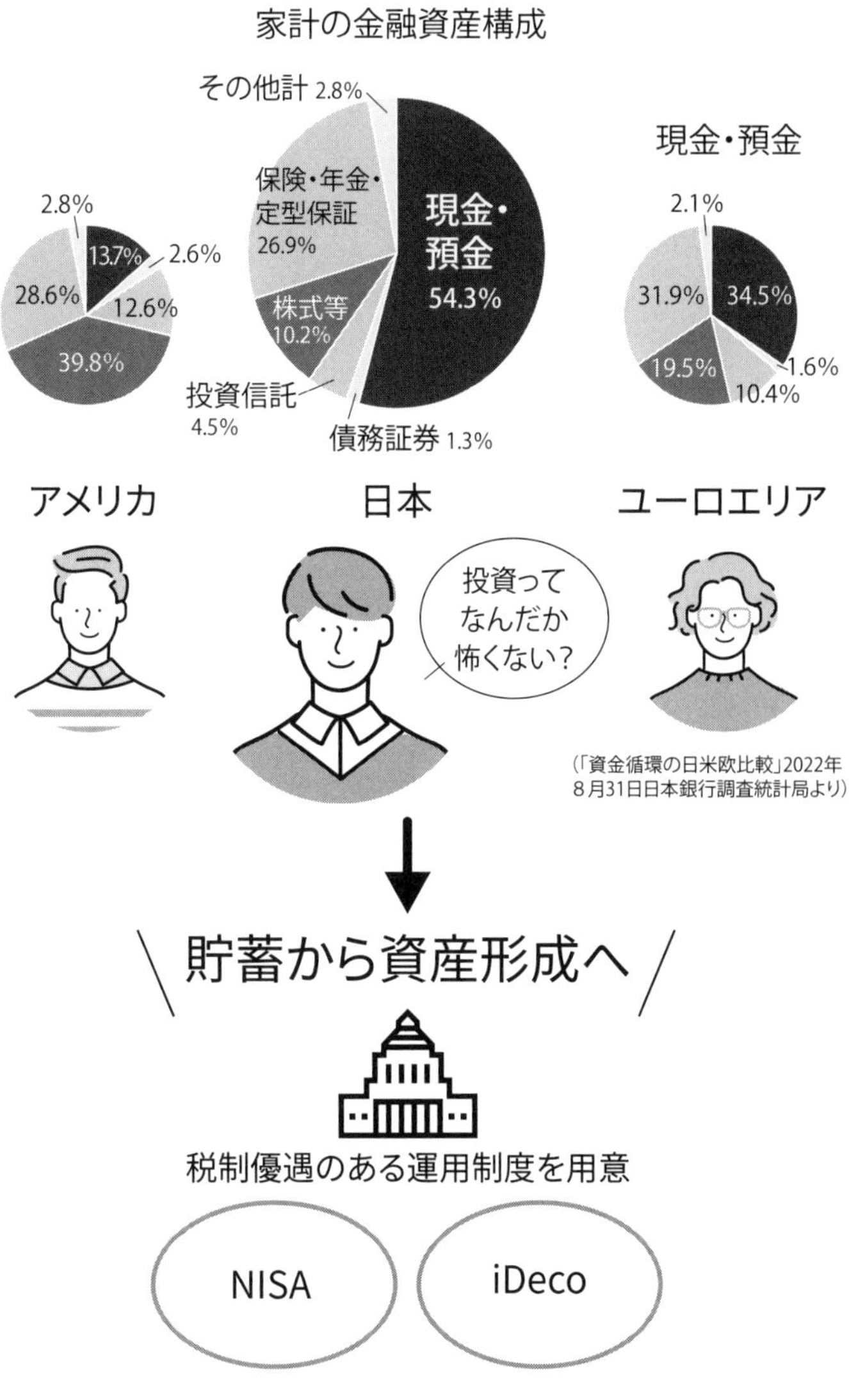
家計の金融資産構成
その他計 2.8%
保険・年金・定型保証 26.9%
現金・預金 54.3%
株式等 10.2%
投資信託 4.5%
債務証券 1.3%
2.8%
13.7%
2.6%
28.6%
12.6%
39.8%
現金・預金
2.1%
31.9%
34.5%
19.5%
1.6%
10.4%
アメリカ
日本
ユーロエリア
投資って
なんだか
怖くない？
（「資金循環の日米欧比較」2022年
8月31日日本銀行調査統計局より）
貯蓄から資産形成へ
税制優遇のある運用制度を用意
NISA
iDeco

レーズも**「貯蓄から資産形成へ」**と一新し、日本での資産運用を積極的に後押ししているのです。

このあたりの制度については後の章でゆっくりと説明していきますが、どうして国がここまで「資産形成」を後押しするのでしょうか?

一番大きな理由は、本格的な人口減少社会の到来です。

２０２２年４月１日現在における子どもの数（15歳未満人口。以下同）は、前年に比べ25万人少ない１４６５万人で、１９８２年から41年連続の減少となり、過去最少となりました。２０２３年２月には厚生労働省が、２０２２年の国内の出生数が80万人を割ったことを発表しています。

一方、「人生１００年時代」と言われる現代において、高齢者の数は確実に増えていっています。総人口の減少と長寿化が相まって、人口構成は一段と高齢化が加速。それにより２０４８年には70歳以上人口が総人口に占める比率が31・４％にまで達すると言われています。

これによって起こりえる事態。それは現役世代の社会保障負担の増加と、高齢者世代の

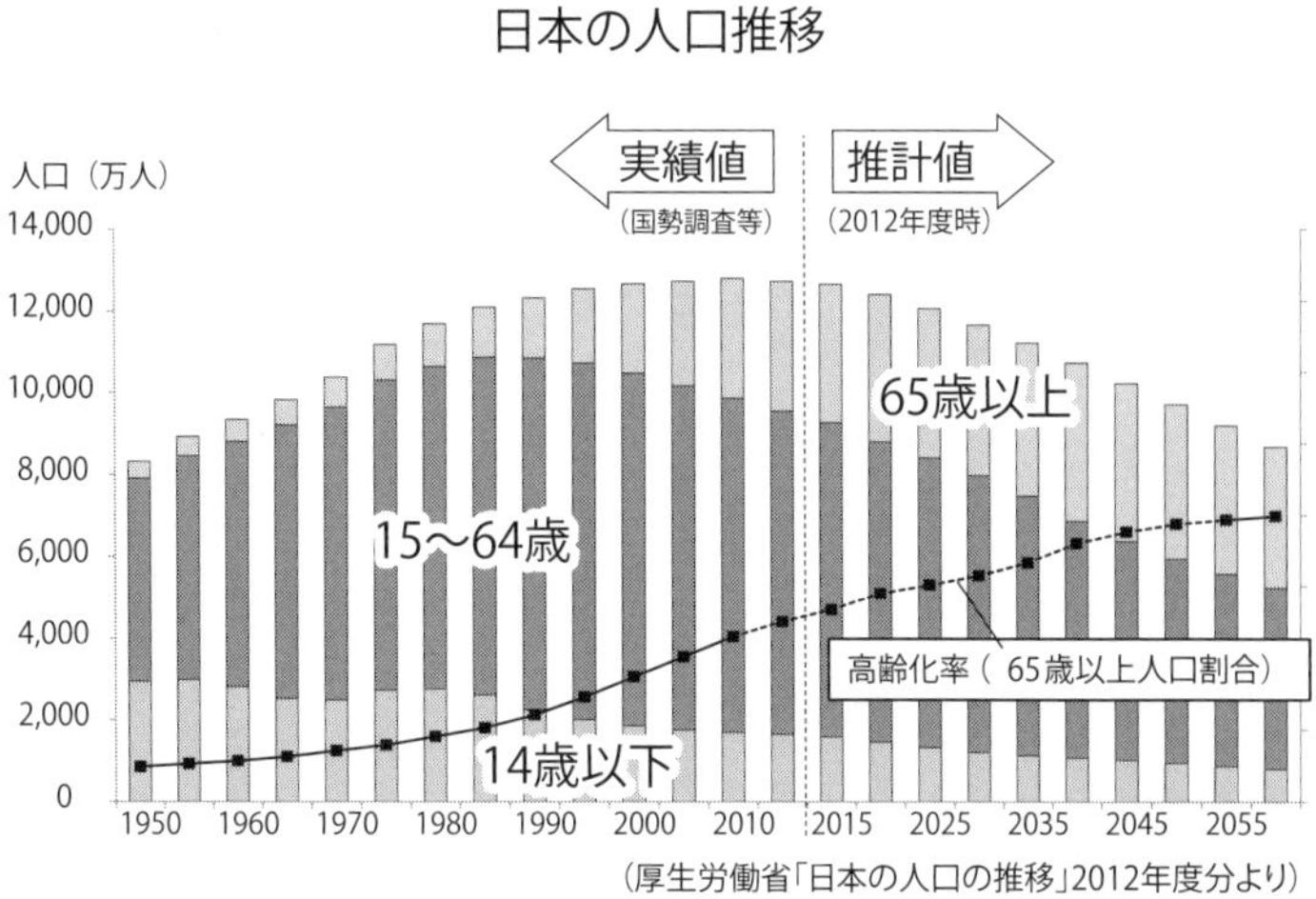

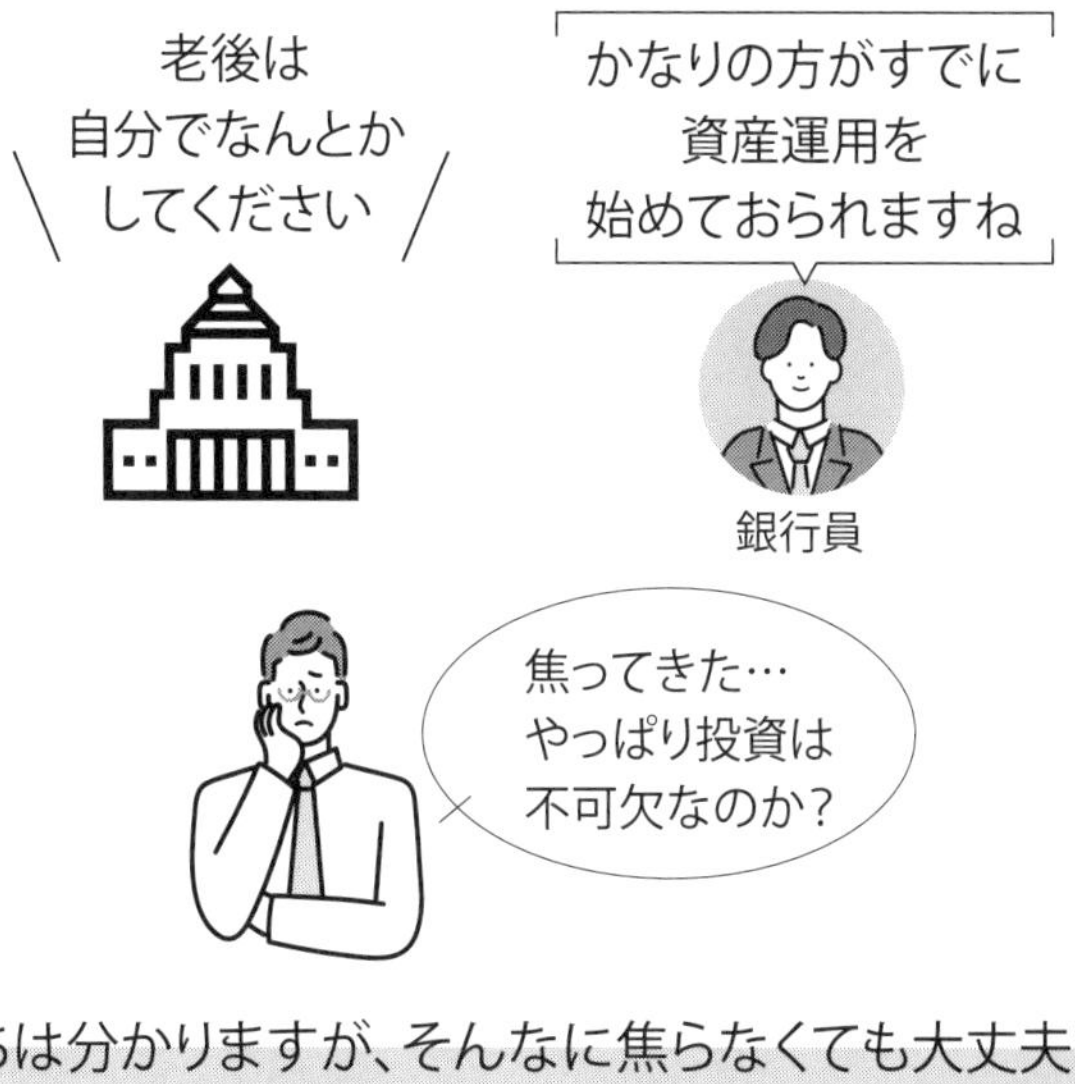

気持ちは分かりますが、そんなに焦らなくても大丈夫です

受給できる社会保障費の減少です。

すでに年金支給開始年齢の引き上げや支給額の減額、さらに定年年齢の延長などが行われていますが、これらの動きは今後も進んでいくことが考えられます。

つまり、年金の支給開始はますます遅くなり、さらに支給額も減り、そのために定年年齢はますます延びていくのです。

これを回避するためには、老後を豊かに暮らすことができるように若いうちから「資産形成」することが重要です。

つまり「貯蓄から資産形成へ」とは、

「この先、今までのような社会保障を続けていくことは難しいので、**自分の老後は自分で困らないようにしてください**」

という国からのメッセージなのです。

以前話題になった「老後2000万円問題」も、国とすれば「しめしめ、危機感を持ってくれるにはちょうどいい」と思っているのではないかと言われるぐらいなのです。

——と、ここまでお読みになると、「やっぱり、老後のために何か資産運用しないとだめなのでは……」と不安になってしまいますよね。

何度も繰り返しますが、だからといって過剰に不安になるのはいけません。それこそ、資産運用の商品を売っている業者の思うツボになってしまいます。

確かに専門家から見ても、老後のための準備は必須です。場合によっては何らかの資産運用も必要になってきます。

しかし、その前に「自分たちにはいったいどのくらいの老後資金が必要で、今のままいくといくら不足するのか？」ということをちゃんと計算した上で、計画することが一番重要なのです。この計算や計画については、3章で具体的に見ていきますが、まずはこの点を理解してください。

なんの根拠もないまま、漠然と不安なまま手を出していいほど、資産運用は甘いものではないのです。

3

資産運用には「リスク」がある

ここで、資産運用の本として必ず書いておかなければならないことを明記します。

資産運用には「リスク」がつきものです。いくら勉強したからといっても「リスクがゼロ」という資産運用はありません。

50代の方であれば、バブル経済崩壊時の株価の急落は記憶にあることでしょう。1989年に3万8915円の史上最高値をつけた日経平均は、2009年に7054円まで値下がりします。もし、1989年に資産運用をしていれば、資産は5分の1以下になってしまうことになります。逆に2009年に資産運用を始めていれば、今ごろ4倍近くに増えていることになります（日経平均2万7327円・2023年1月31日時点）。

資産運用にはリスクがある。まずこれをご理解ください。もちろん、リスクを小さくしながら運用していくことが本書の目的ですから、「資産運用はしない方がいい」というわけではありませんが、「リスクは絶対嫌なんだ」というのであれば、資産運用は向いていません。

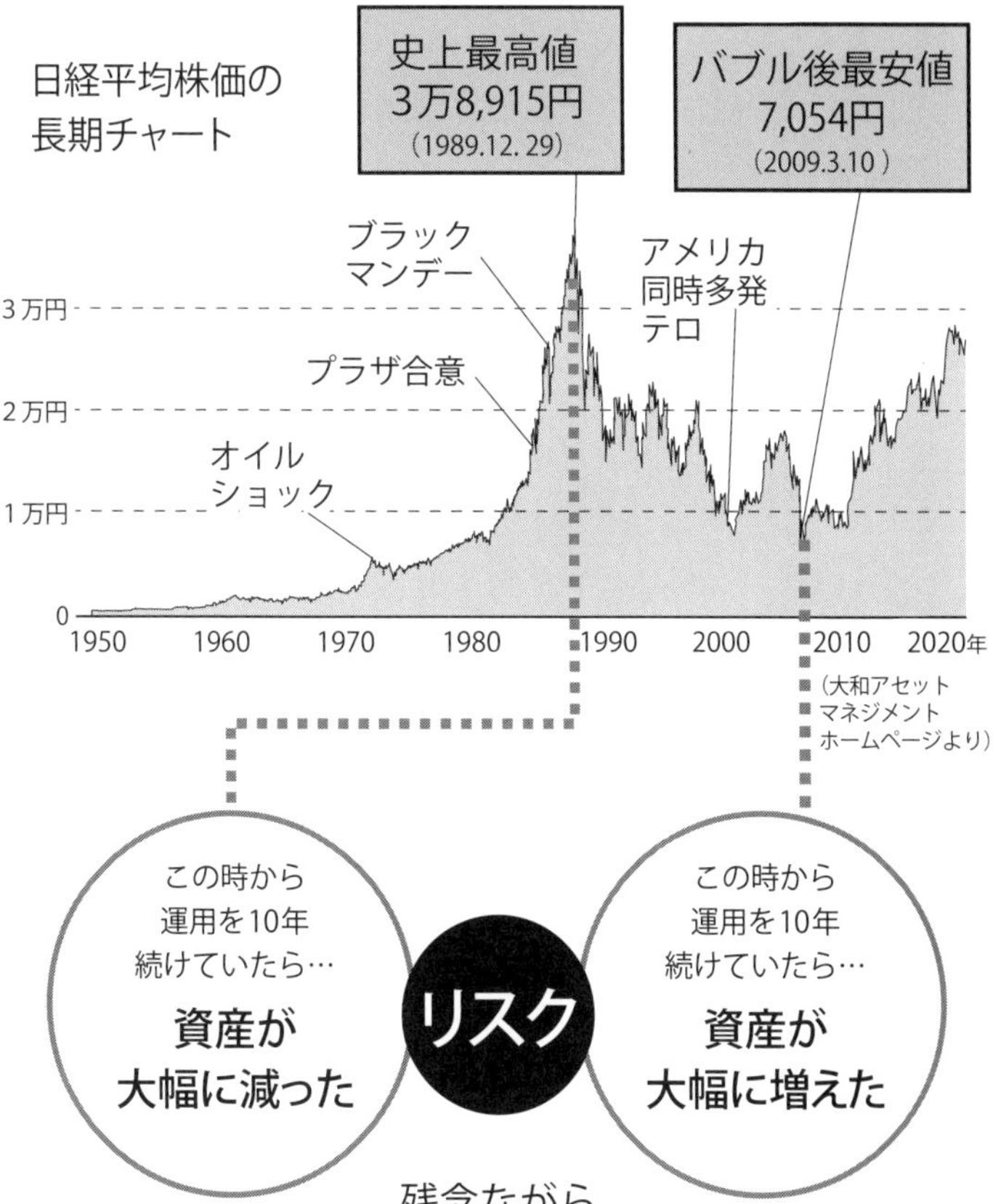

残念ながら
資産運用において「ゼロリスク」は不可能

ただし…

リスクを小さくしながら
運用することは可能

4

それでも資産運用はするべき

資産運用はした方がいいのか？

ここまでを総合して結論から言えば**「資産運用はするべき」**です。

ここまで、ブームとしての資産運用には慎重になってほしいというお話をしてきましたが、やはりこれからの時代、資産運用について理解しておくのは、生きていくための「たしなみ」となっていくことは間違いありません。

どうして、資産運用が必要なのか？　日本経済・世界経済というマクロの話として考えてみると、もうちょっと理由が増えます。

それには、先ほどお話しした「人口減少」が大きく関わります。人口減少は、年金の財源を支えてくれる若者がいなくなるという問題だけではありません。

特に、日本は、生産年齢人口（15歳から64歳までの人口）が加速度的に減っていきます。

資産運用をするべき理由

日本の対世界貿易収支の推移
（差引額）

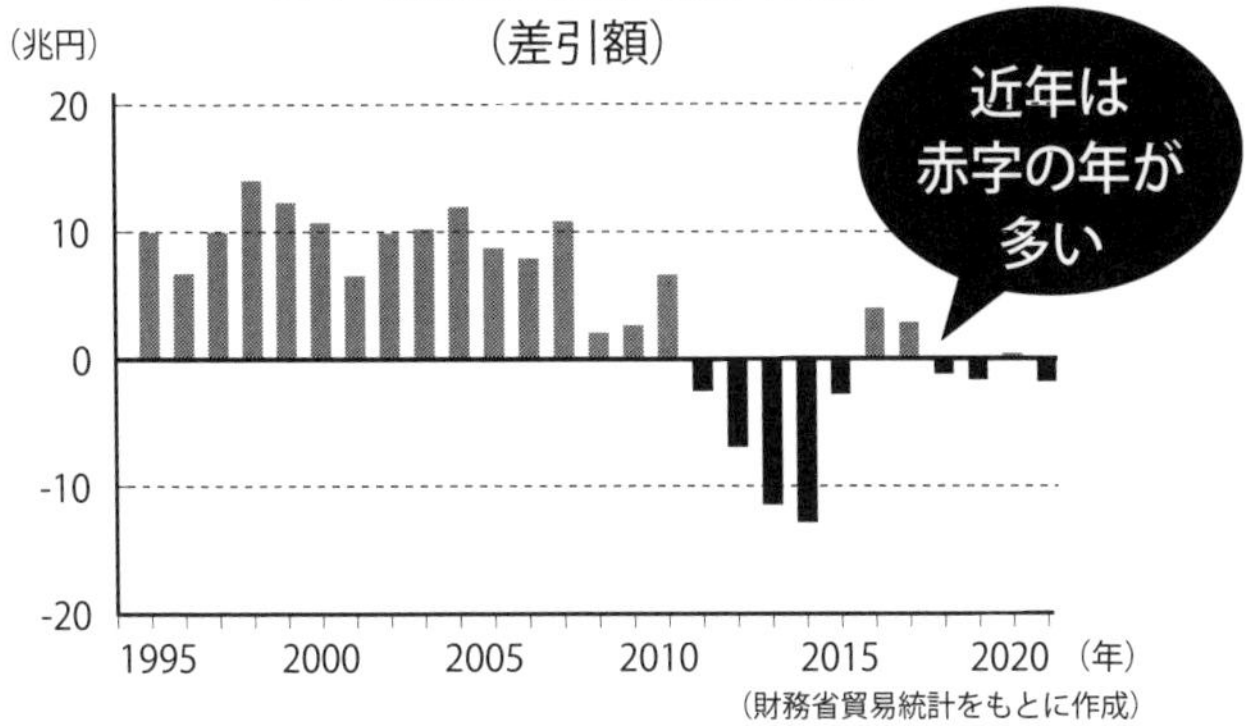

（財務省貿易統計をもとに作成）

日本はもう「貿易立国」ではない

近年のドル円の推移

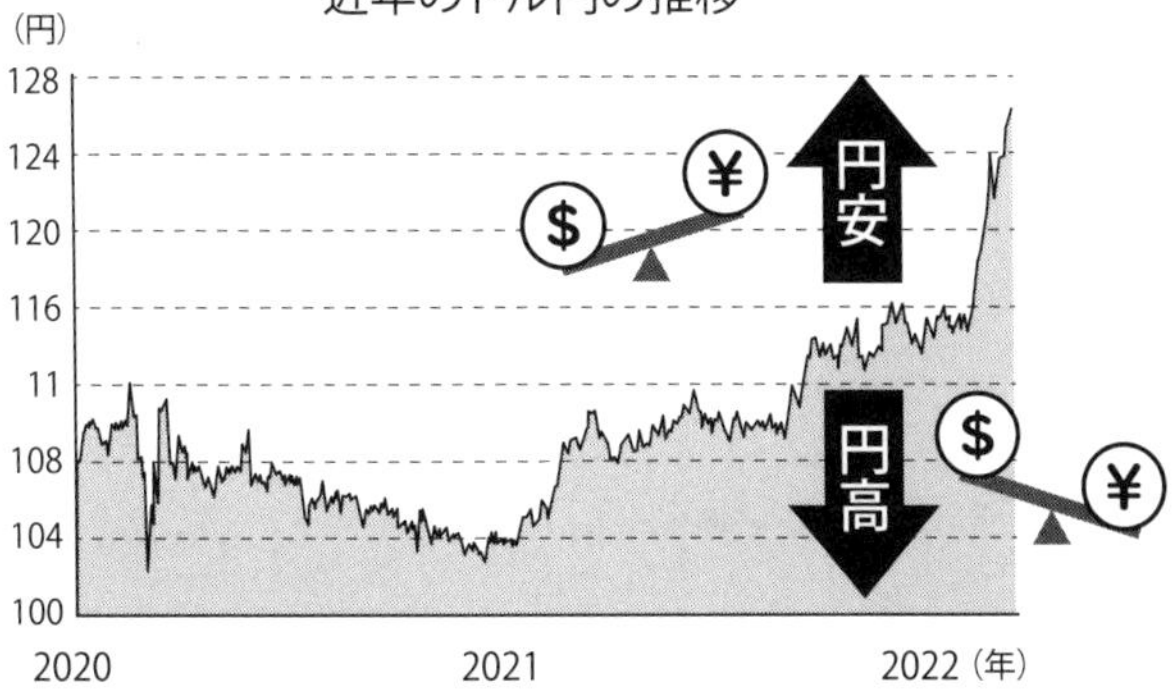

円の価値が減ってきている

つまり働き手が少なくなっている。経済が発展しにくくなっているのです。

さらに、この10年で日本経済は大きく変わってしまいました。それが顕著なのが貿易収支の赤字。つまり、輸出額よりも輸入額の方が多くなっています。すでに日本は「貿易立国」ではありません。

詳しい説明は省略しますが、もしこの状況が続けば、どんどん「円安」になっていきます。つまり、日本円の価値がどんどん減っていく。どれだけ「円」で貯蓄しても、その価値が減っていけば、グローバルな視点から見れば、**相対的に私たちの資産が目減りする**ことになります。現状そうなってしまっているのです。

こうした状況から、自分の資産を守るという意味で、将来のために「資産運用という手段」を勉強しておくことは必要なのです。

2章
成功するための資産運用の基本

1

資産運用で失敗する人の共通点

「資産運用という手段」を勉強しておく。まずはここがスタート地点となります。

しかし、何度も繰り返すようですが、「不安だ」と言ってすぐに「資産運用」では問題の解決になりません。その前に**「資産運用というものが自分にとって手が出せるものなのか？」**をしっかりと見極めて、付き合っていく方法を勉強しないといけないからです。

ですから、まず少なくとも左の2つの質問には答えられるようにしないと危険なのです。

ブームに乗って資産運用をするほとんどの方は、資産運用を誰かに勧められて手を出すタイプです。

今は、あらゆる運用商品が、いろいろな窓口から購入できるようになりました。インターネットの証券会社はもちろん、銀行の窓口や、保険代理店、ＩＦＡという金融商品仲介業と呼ばれるところまで、そのチャンネルは様々です。

この２つの質問に答えられないなら
資産運用を始めてはいけない

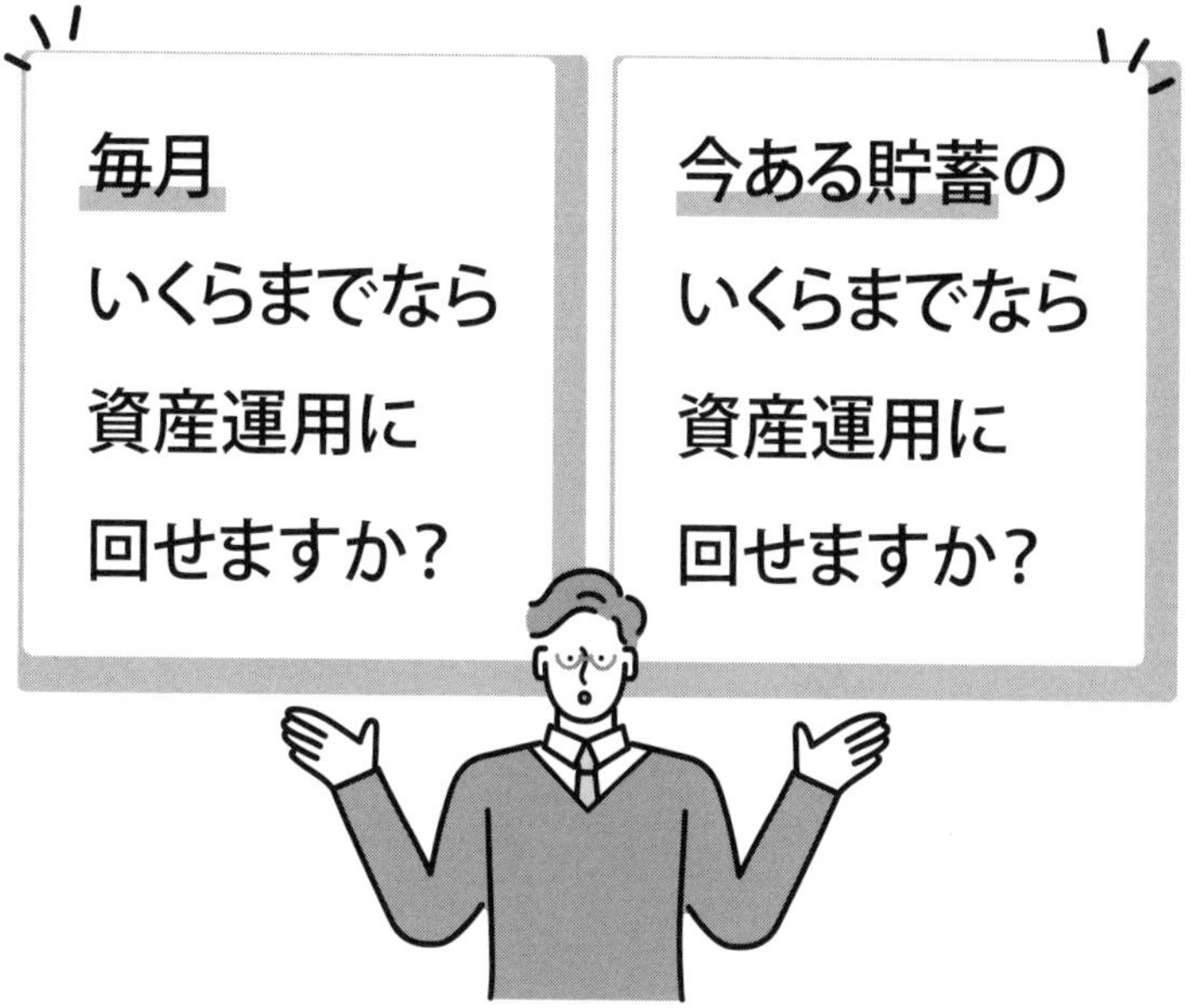
毎月
いくらまでなら
資産運用に
回せますか？
今ある貯蓄の
いくらまでなら
資産運用に
回せますか？

ありがちな失敗パターン

なんか
勧められて…
はじめて聞いたけど
良いらしいから…
絶対儲かるって
言われて…

特に銀行はこの数年、金融商品の販売に積極的です。みずから証券会社を立ち上げ、銀行の窓口のそばに証券会社の窓口を設置し、銀行に来るお客様を取り込もうと躍起になっています。

皆さんも、銀行の窓口に行った時に「預金でお預けいただいていても利息があまりつかない時代ですので、こんな商品でお金を貯めるのはいかがですか？」と声をかけられた経験があるのではないでしょうか？

確かにいつも利用している銀行から声をかけられて、その気になるのも分かります。特に相手が得体の知れない金融商品ですから、「信用できる銀行の言うことなら大丈夫だろう」と思うのも仕方がないかもしれません。

残念ながら私のところに相談に来られる方の大半は、

「どうしてこの商品を購入したんですか？」

という質問に、

「いや、勧められたので……」

と答えられます。購入した意図も、内容もはっきりしないのです。

日本人の多くは親方日の丸で、「銀行の言うことなら大丈夫だろう」という安易な考えを

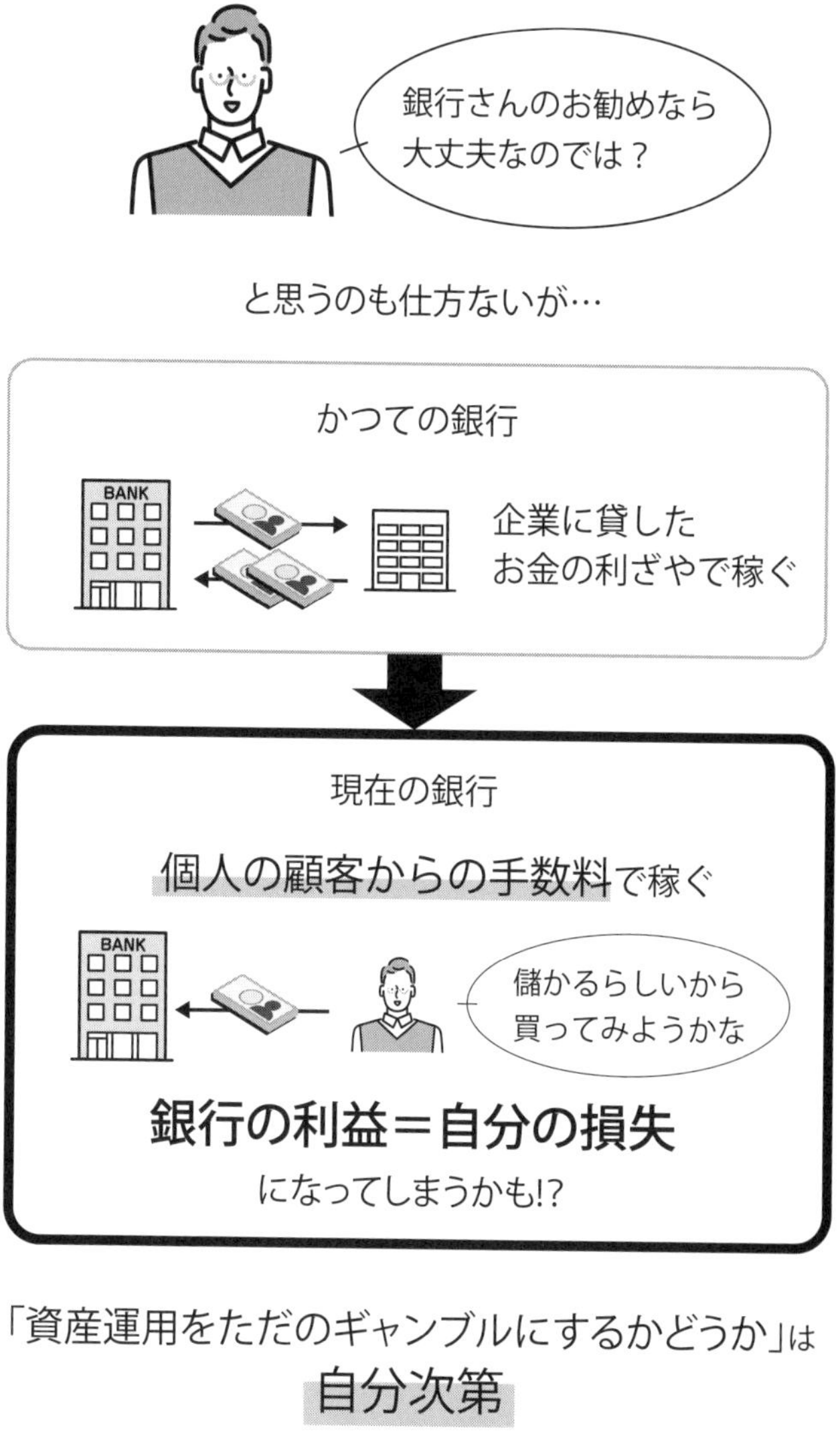
銀行さんのお勧めなら
大丈夫なのでは？
と思うのも仕方ないが…
かつての銀行
BANK
企業に貸した
お金の利ざやで稼ぐ
現在の銀行
個人の顧客からの手数料で稼ぐ
BANK
儲かるらしいから
買ってみようかな
銀行の利益＝自分の損失
になってしまうかも!?
「資産運用をただのギャンブルにするかどうか」は
自分次第

持っています。

一方、金融機関は、昨今全国的に業態転換を迫られています。本業だけで見れば赤字に転落しているところや崖っぷちの金融機関が数多くあり、リストラや業務のスリム化など、多くの問題を抱えています。

金融機関は本来、皆さんからお金を集めて、企業に貸し出し、その利ざやで収益を上げてきました。しかし、それがバブル崩壊以降難しくなり、集めたお金を安全な金融商品で運用するという形態に変化してきましたが、それもマイナス金利などにより収益が見込めなくなってきたのです。

そこで、皆さんに金融商品を購入してもらって、その手数料で収益を出そう。そういう方向に舵を切ってきています。金融機関は皆さんからお金を預かってもそれだけでは収益になりません。それをどう収益に変えていくか躍起になっているのです。

だからといって、もちろん、銀行で販売している商品がすべて悪いなんて思いません。商品だけで言えば、今は証券会社を併設しているところも増えているので、充実してきています。

問題は商品ではなく、先ほどの質問「毎月いくらまでであれば、資産運用に回せますか？」「今ある貯蓄のいくらまでなら、資産運用に回せますか？」の回答を持った上で購入したのか？　もしくは、ちゃんとこの質問をお客様と考えて解答を出してくれたところで購入しているのか？　ということです。

資産運用をただのギャンブルにするのか？　しないのか？

じつは分かれ道を決めているのは、たったこれだけのことなのです。

金融商品を買って後悔している人の大半は「だまされた！」とか「うまく言われて信用した！」ということを言われます。

もちろん、最初から悪意を持って近づいてくる輩もゼロではありません。しかし、ほとんどの場合は皆さんのリスクに対する理解を前提にして販売されているのです。

資産運用のほとんどにはリスクがあります。預貯金ではない以上、リスクのない商品はありません。資産運用で失敗しないための原則は、**リスクに対する理解をした上で、そのリスクを「自分でどこまで許せるか？」を検討すること**なのです。

2

資産運用はギャンブルなのか？

そもそも「お金を増やす」とはどういうことでしょうか？

それは、**お金自身に働いてもらう**ことです。その方法は主に２つ。

・ギャンブル（お金を賭けてお金を増やす）
・利殖（複利パワーを利用する）

となるわけです。

ギャンブルという響きは、きっと皆さんにとってマイナスのイメージがあるのではないでしょうか。パチンコ・競馬・競輪・宝くじというのがギャンブル。そんなイメージですよね。資産運用とはずいぶん違う。そう考えているでしょう。

でも、どうですか？　皆さんが資産運用と聞いて想像するものってどんなものですか？

お金自身に働いてもらう方法

目先の損得で右往左往するなら…「**ギャンブル**」
計画的に無理なく続けるなら…「**利殖**」

株式売買（トレーディング）、金の購入、不動産オーナー、ＦＸ……こんなところでしょうか。では、これらはギャンブルではないのでしょうか？

難しいところですね。でも、厳しい言い方をすれば、目先の損得で右往左往する限り、こうした投資はギャンブルであると言わざるを得ないのです。

金融商品の売買は、勉強すると面白いし、経済も少し分かった気になります。しかし、だからといってバクチであることは変わりません。

バクチであるかぎり素人が勝てることはないのです。

いやな言い方ですよね。でもこのくらい資産運用には慎重になった方がいいのです。

後々お話ししますが、資産運用で老後資金の不安をすべて解決しようというのは前提が間違っています。それよりもまずやるべきことがあるからです。

しかし、平均寿命が延び、人生１００年時代と言われる中で、そうも言っていられないと思い、私なりの資産運用についてお伝えすることにしました。

ギャンブルでたまたま勝った人が、声高らかに「勝つ法則」について語っている場面を目撃することがあります。つい最近、香港のカジノを見学しに行った時にもお見かけしました。

こういう場面を見ると、いつも「残念な人だな」と内心思います。ギャンブルには勝つ法則など存在しません。そういう人に限って、数日後、数年後に、言葉少なく呆然としていることは珍しくありません。

ギャンブルは「運がいいかどうか」だけです。大勝ちしている人を見て「うらやましい」と思う気持ちは私も一緒です。しかし、それは長続きしません。

資産運用をギャンブルにしないためには、**まずセオリーを知る必要があります**。

かなり地味ですし、大勝ちすることもあまり起こりません。しかし、それが資産運用というものなのです。けっして「100万円が1億円になりました！」というような話には惑わされないでください。

3

資産運用とは「複利」を活用すること

さて、「そもそも資産運用とは何か?」「なぜ資産運用でお金が増えるのか?」というところから復習していくことにしましょう。

その基本として、まず**「複利の効果」**ということを知っておかないと始まりません。

「数学の歴史上、最大の発見は何か。それは複利だ」

――アルベルト・アインシュタイン

複利のパワーは、資産運用の基本中の基本です。この効果を味方にすることのない運用はありえません。

複利の反対の用語に「単利」という言葉があります。

運用商品の広告に「平均利回り○%」なんて言葉を見かけるとしましょう。そのときに

100万円を年利5％で運用した場合

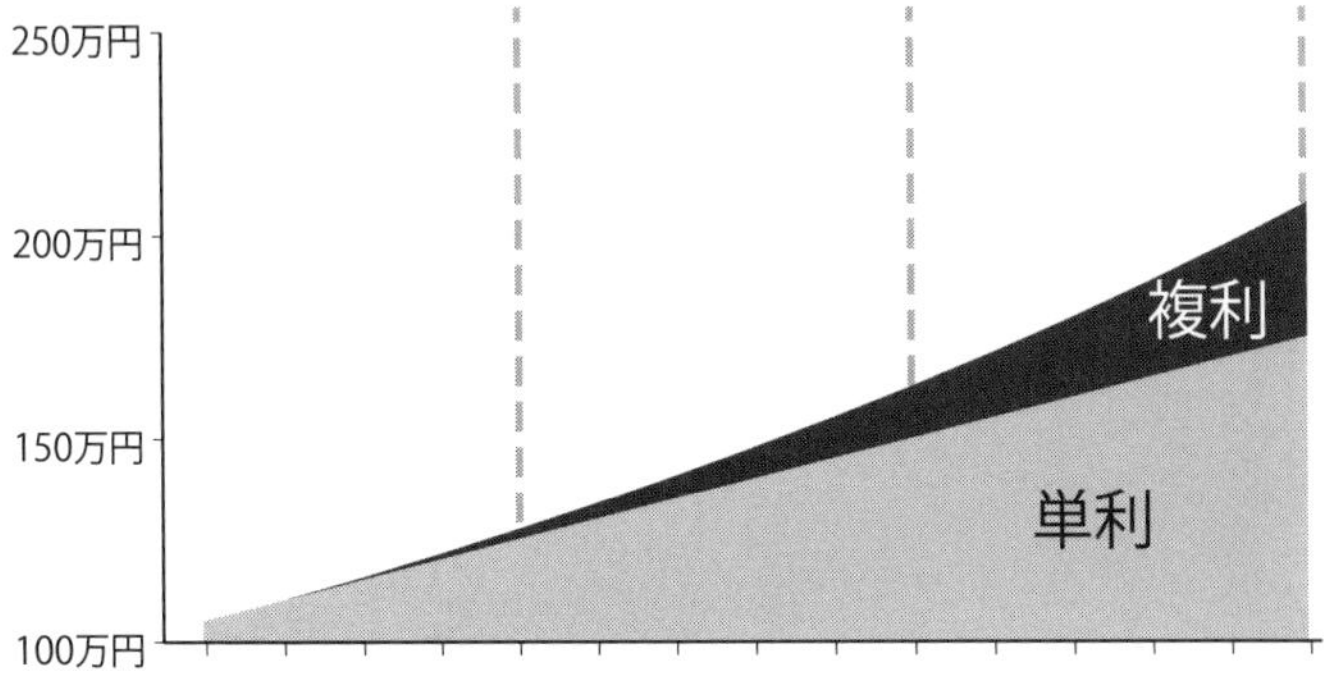

	1年	5年	10年	15年
単利	1,050,000	1,050,000	1,050,000	1,050,000
複利	1,050,000	1,276,282	1,628,895	2,078,928

数学の歴史上、最大の発見は複利

アインシュタイン

資産運用をするなら
複利の効果を
使わない手はない！

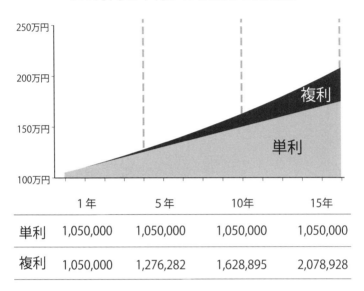

皆さんが頭の中で計算する金利はほとんど「単利」です。

例えば、100万円を毎年5％で7年間運用したとします。

こう聞くと、頭の中で「1年間の利息は5万円だな」という計算はすぐにできると思います。しかし「そうすれば、7年間で35万円の利息！」と計算してしまうと間違いです。この計算方法は単利の計算方法であって、複利の計算方法ではありません。

それでは複利の計算ではどうなるのでしょうか？

1年目は「単利」でも「複利」でも結果は変わりません。100万円に5％の利息がつくだけですから、100万円が105万円になります。

しかし**2年目から結果が変わります**。「複利」の方は、105万円に5％の金利で計算することになるからです。そうすれば、110万2500円。たった2500円ですが、単利よりも利息が増えます。

これが7年経つと、5万7100円も複利の方が多くなります。15年後には107万8928円の利息になりますから、単利の場合とは30万円以上の開きが出ます。

つまり、「100万円預けて毎年5万円受け取った利息を引き出して使ってしまった」場合は、効果として「単利」と変わりません。せっかくの「複利」の効果がまったく利用できないことになります。

しかし、金融機関でよく販売されている商品には「分配型」というものがあります。毎月配当や隔月配当など、運用成績に応じて配当金を支払うタイプです。

これだけ聞くと、「何がダメなの？」と思う方がいるかもしれません。しかし、これは利息にあたる「運用利回り」を分配する、つまり「利息は投資に回さず、分配します」という商品だということになります。

例えば、毎月分配型の商品を２００万円で購入したとしましょう。「配当金が毎月平均1万円もらえます」と説明を聞きました。ものすごくいいですよね。預金で預けておいても1年で数百円にしかならないのに、投資信託に預けるだけでこんなに配当金がもらえるんだ、とすぐに飛びついてしまいそうです。

しかし、毎月分配型の投資信託の場合は、いつまでたっても元手は200万円のままです。増えていくはずがありません。

投資信託が怖いのは、２００万円で購入した商品が、数年後手放す時に２００万円で売ることができないことがある。ということなのです。

例えば、200万円で購入した商品が10年後に40％ダウンの120万円でしか売れなかったとしましょう。

これは痛手です。でも10年間、分配金を毎月平均1万円もらっているので、120万円は利益を生み出してくれていました。ですから、差し引き40万円は得をした計算になります。

しかし、これを毎月の分配金をさらに再投資して、投資信託にあてていたとしましょう。そうすると、10年後の元手は358万1695円。これが40％ダウンで売れた場合、売却額は250万7186円。50万7186円得をした計算になるのです。

つまり、何も考えずに分配金をもらっていた場合と、それをせっせと再投資していた場合では、10万円以上の差が生まれるのです。

再投資とは、もちろん複利での運用を意味します。

これほどに**複利というもののパワーは凄まじいのです**。このパワーを利用しないというのは、運用ではありえません。

こんな簡単な理屈にもかかわらず、販売されている投資信託商品の多くは分配型です。きっと金融機関が販売しやすいからなのでしょうが、直感で分かりやすいものに飛びつくのではなく、運用の基本を勉強して商品を選ぶべきなのです。

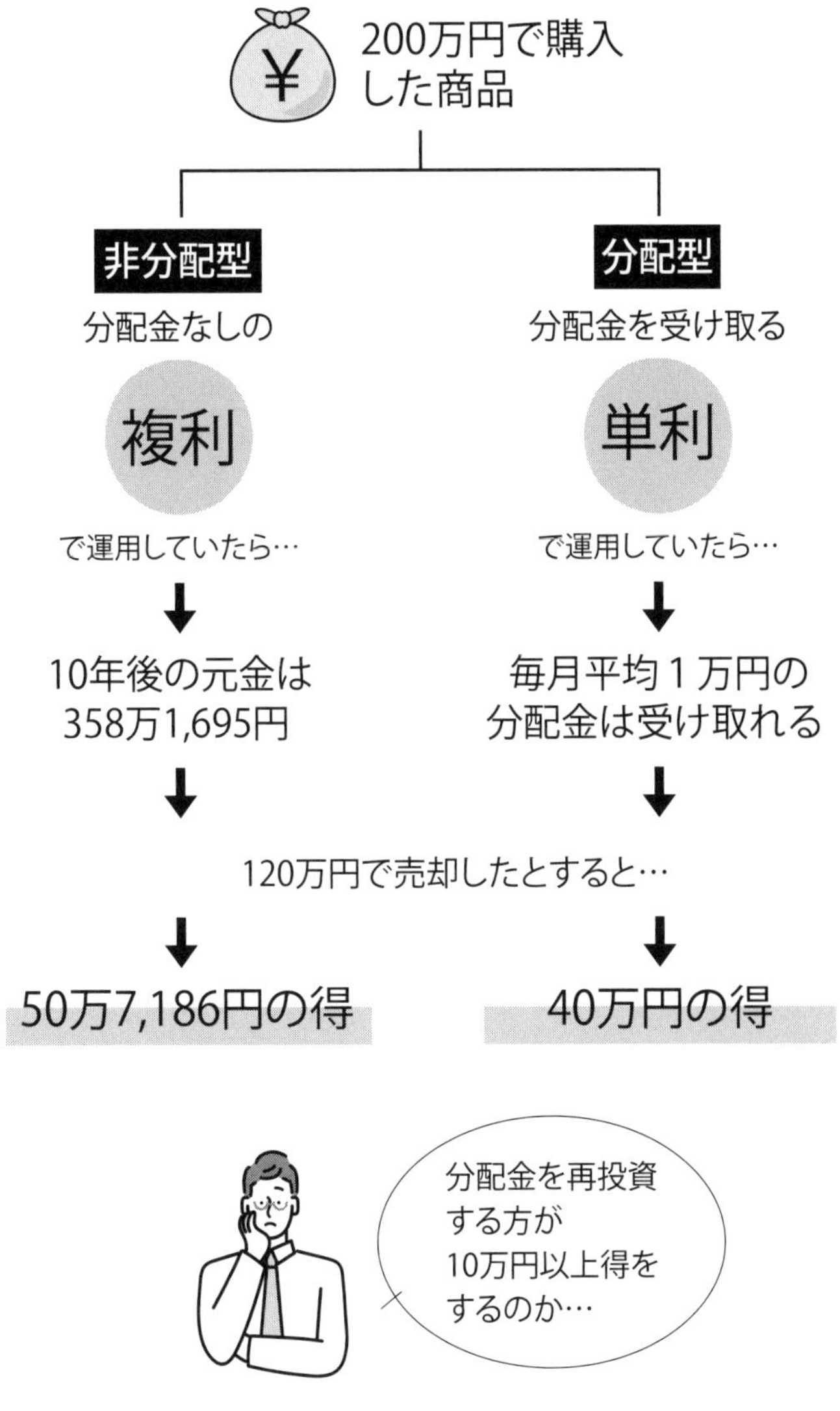
¥
200万円で購入
した商品
非分配型
分配金なしの
複利
で運用していたら…
10年後の元金は
358万1,695円
分配型
分配金を受け取る
単利
で運用していたら…
毎月平均１万円の
分配金は受け取れる
120万円で売却したとすると…
50万7,186円の得
40万円の得
分配金を再投資
する方が
10万円以上得を
するのか…

4

「リスク」とは何か？

資産運用をしていくつもりであれば、まず「リスク」というものの考え方を知らないといけません。

日本人が「リスク」という言葉を聞くと、「危ないこと」という言葉とイコールになってしまいます。もちろんそれでも構わないのですが、金融の世界の中ではニュアンスが少し異なります。それでは、金融の世界での「リスク」とはいったい何を意味するのでしょうか？

資産運用の勉強を始めると、必ず左図のような例題が出てきます。

これだけを見れば間違いなく、Aを選びますよね。

しかし、過去5年間の収穫実績をみると、Aという木は、1年前45個、2年前30個、3年前15個、4年前50個。一方、Bという木は、5年連続35個収穫しています。

さて、**あなたならどちらの木を選びますか？**

[設問]

1年に最低30個収穫できないと
元本割れになる
りんごの木

A

B

今年の収穫は50個

今年の収穫は35個

AとB、
あなたなら
どちらの木を買いますか?

どうでしょう？　ＡもＢも、平均すると35個です。難しいですね。

では質問を変えます。

ＡとＢではどちらが「リスク」が大きいでしょうか？


こう聞かれれば、Ａの方が「リスク」が大きそうですね。

そうなのです。**金融の世界でのリスクとは「変動が大きいこと」**なのです。

つまり、**ギャンブルにしない資産運用をするためには、「変動」を小さくすることが必要**だということになります。

それでは、どうすれば変動の少ない投資ができるのでしょうか？

変動の少ない投資をするには、大きく分けて２つの方法があります。

ひとつめは「長期投資」、２つめは「分散投資」です。それぞれ詳しく見ていきます。

A

今年…50個

1年前…45個
2年前…30個
3年前…15個
4年前…50個

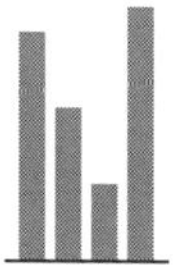

平均…35個

B

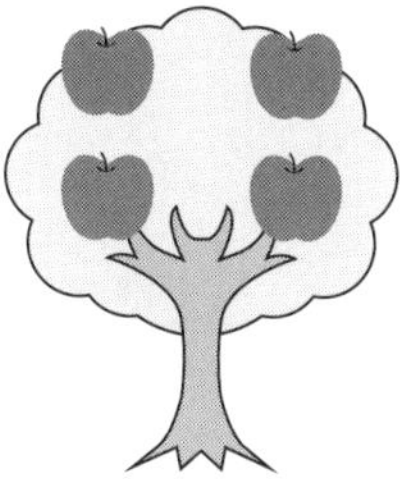

今年…35個

1年前…35個
2年前…35個
3年前…35個
4年前…35個

平均…35個

平均は同じだが…

Bのほうが「リスク」が小さい

（予想より運用成績が良すぎても悪すぎても
バラツキが大きいということで
リスクが高いということになる）

投資の世界においては

リスク＝ 変動が大きいこと

5

長期で投資することで安定する

変動の少ない投資をする方法のひとつは、**「長期投資」**、つまり短期の成績に左右されることなく、はじめから長期で運用する前提で投資することです。

左ページの上のグラフは、アメリカ株（S&P500指数）に投資したときのリターンの変動を期間別で見たものです。1年という単位で見ると、60％以上もプラスになる時もあれば、50％近くもマイナスになる時もあります。その差は100％以上。まるでジェットコースターですね。

これが、15年で見ると、11・3％から1・7％の範囲で落ち着きます。もちろん、統計を取っている15年間の経済環境にも依存しますが、変動率はずいぶん落ち着いていくのが分かります。

どうして長期で運用するとリスクが小さくなり、リターンが安定してくるのでしょうか？

長く続けることで安定する

投資期間別の米国株（S＆P500指数）の年率リターンのちらばり
（円建て・1988～2016年）

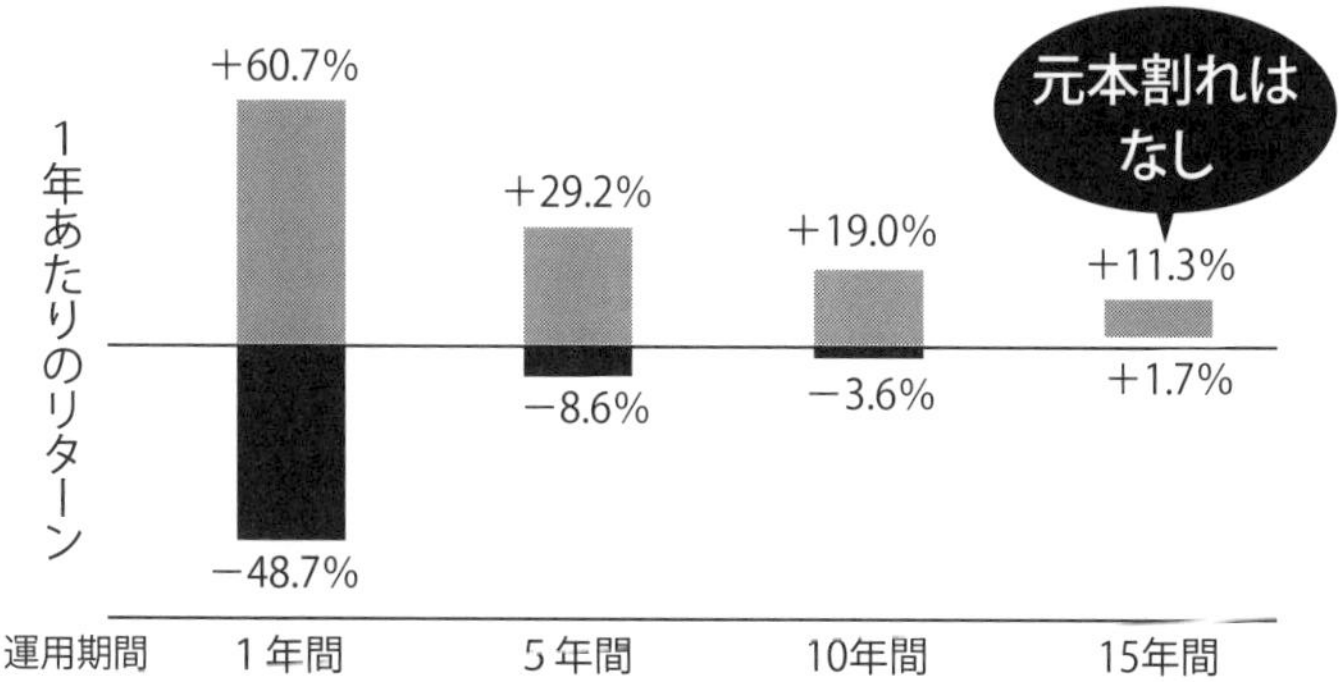

（ウェルスナビホームページ　https://www.wealthnavi.com/contents/column/15/より）

4資産に25％ずつ投資した例（1996～2015年）

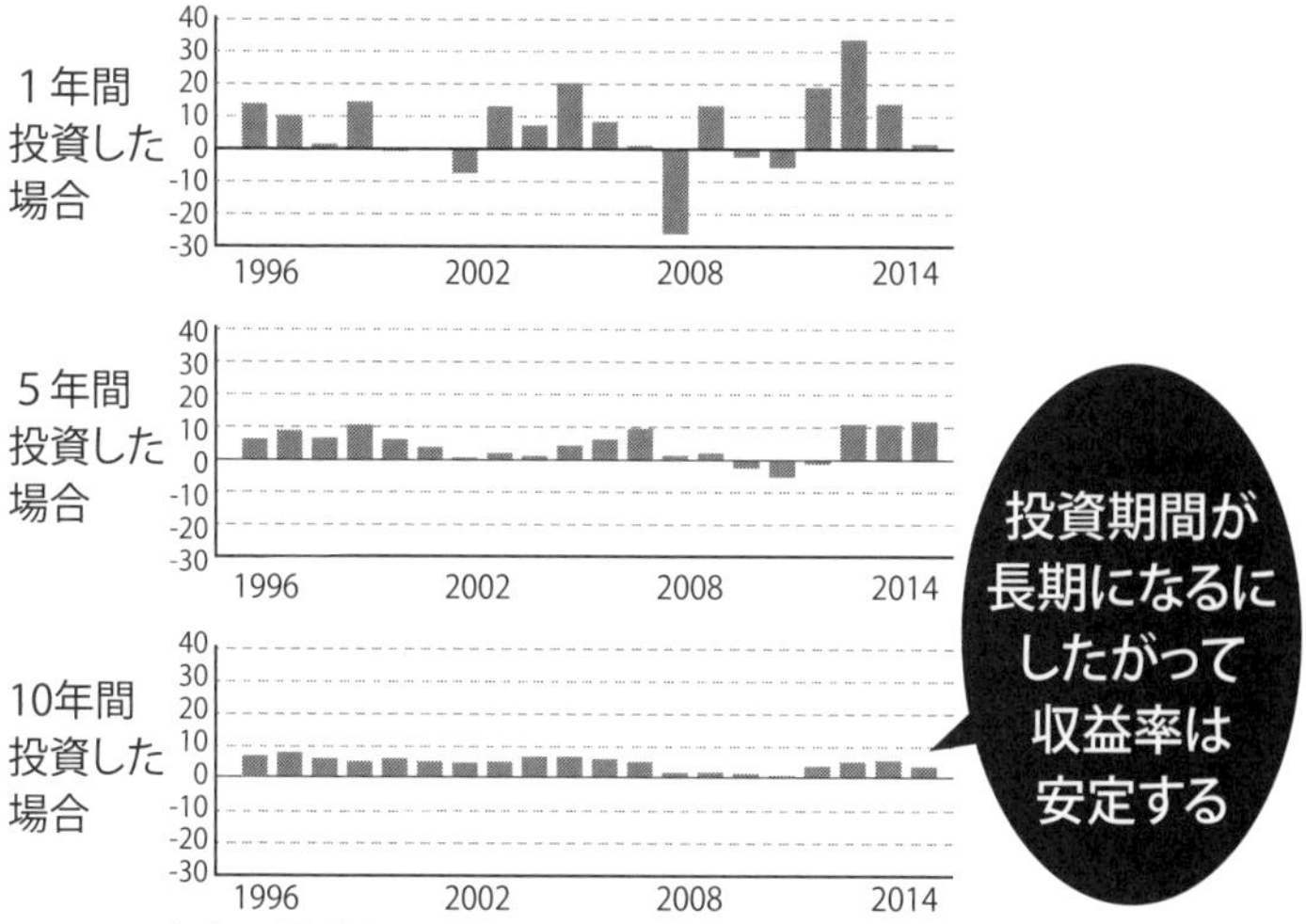

（三菱UFJ信託銀行　https://www.tr.mufg.jp/life-shisan/method/risk01.htmlより）

左のグラフを見ればお分かりの通り、日本経済も世界経済も好景気と不景気を繰り返しながら成長しています。

リーマンショックや新型コロナウイルスなど、大幅に経済が縮小することはたびたび起こります。短期的に見ると資産が半分になってしまうこともあり得るのが運用の世界です。しかし、世界の人口がまだ増えている以上、経済はまだ成長していきます（ちなみに、逆にこの20年、日本はほぼ経済成長していないことも分かります。その分好景気の変化も少なく、安定しているとも言えます）。

長期投資をするとリスクとリターンが平均化されて、経済成長率に近くなっていくことで、変動率が低くなるのです。

長期投資とリスク・リターン

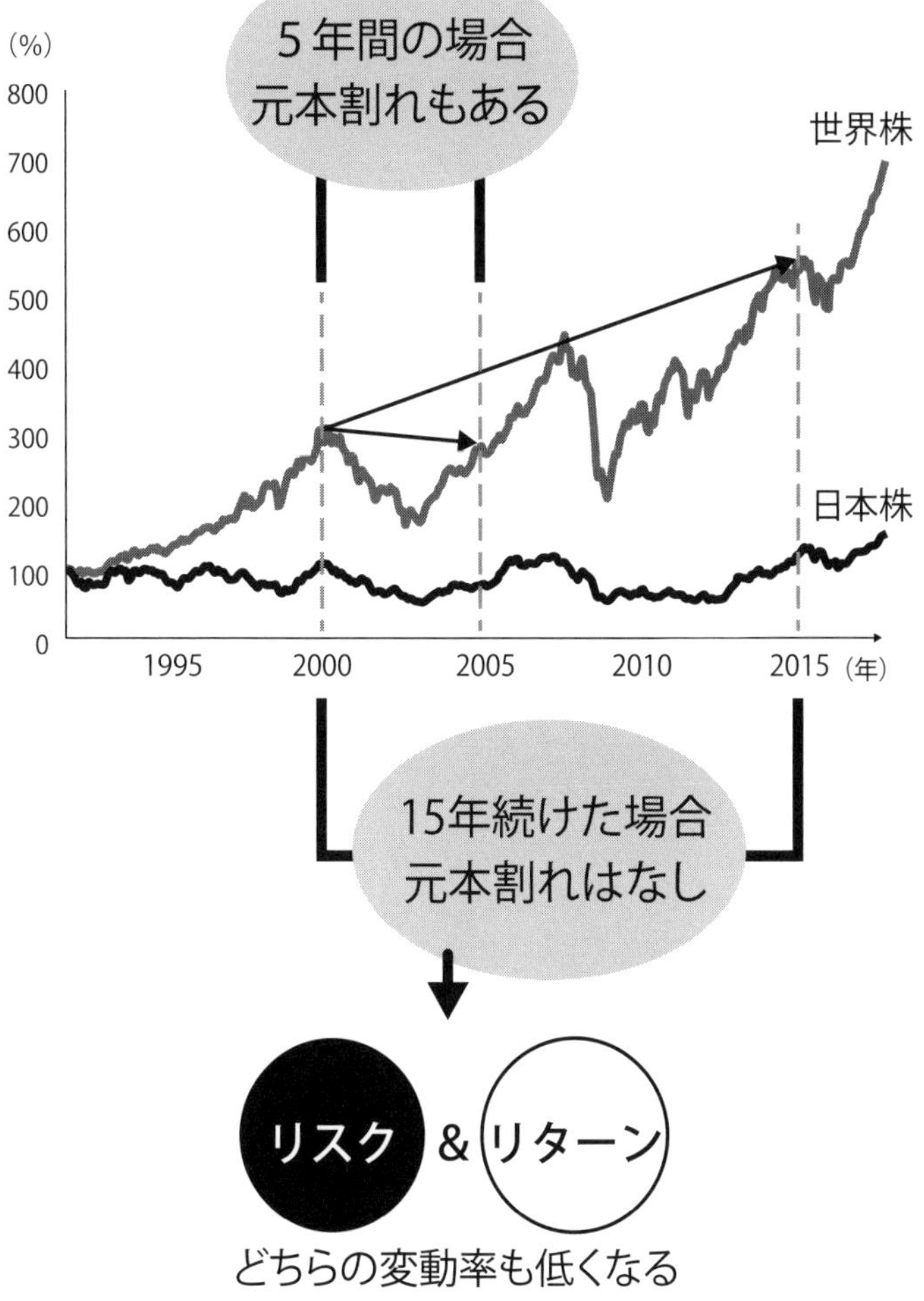

6

分散投資①　地域を分散すると安定する

分散投資には、「地域分散」「商品分散」「時間分散」があります。

分かりやすいのが「地域分散」でしょうか。

地域の分散とは、複数の国・地域への投資を組み合わせることです。例えば投資先を「米国」、「日本」、「欧州」など地域別に分散させることや、「先進国」、「新興国」といった分け方で分散するのも方法のひとつです。

一般的に、国や地域によって経済状況や景気動向は異なるものです。例えば「米国経済は低迷していてもアジア経済は好調」ということがあるかもしれません。

また、世界では東日本大震災やロシアのウクライナ侵攻のように、たびたび大事件が起こります。今後についても、台湾有事が起こるのではないかとも囁かれています。

こうした避けることができない地政学的なリスクを低減するために、地域分散は重要だと言えます。

分散することのメリット

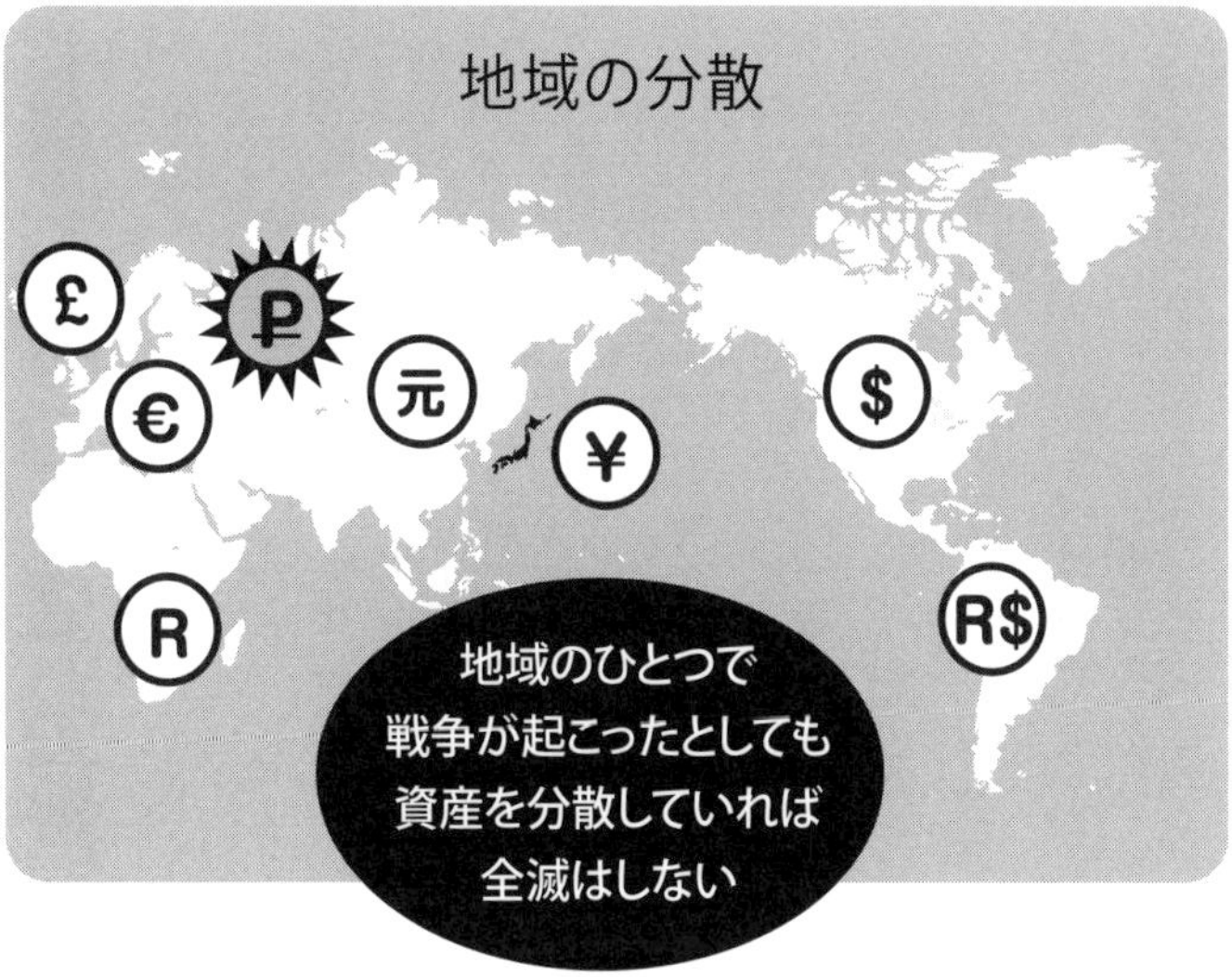
地域の分散
£
₽
元
€
¥
$
R
R$
地域のひとつで
戦争が起こったとしても
資産を分散していれば
全滅はしない

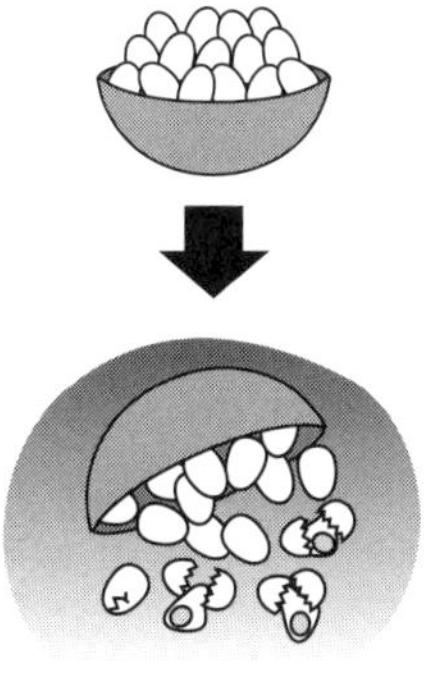
1つのみに
投資した場合
一度ですべてダメになる

複数に
投資した場合
ひとつのダメが駄目になっても
他のかごは無事

7

分散投資② 商品を分散すると安定する

少し分かりにくいのが「商品分散」です。

運用商品には、主なもので国内株式・外国株式・国内債券・外国債券があり、それぞれリスクとリターンは違います。

大まかにいって、もっとも値動きが激しいのが新興国の株式で、一番安定しているのは国内国債です。左上の図を見ると、新興国株式の平均は13・08%ですが、プラス83・74%からマイナス62・66%と、その差が約146%ですから、変化がとても大きな商品です。

一方、一番安定しているのが国内債券で、8・22%からマイナス3・51%ですが、平均利回りは1・61%ですので、利回りとしては魅力に欠けます。どちらも単独ではリスクが高かったり、物足りなかったりします。が、これらを組み合わせると、リスクもリターンもほどよくなるのです。

左下のグラフを見ると、同じ金額を4つの資産に均等に分散投資するだけで、プラスと

各資産の最大・最小・平均リターン（1年間）

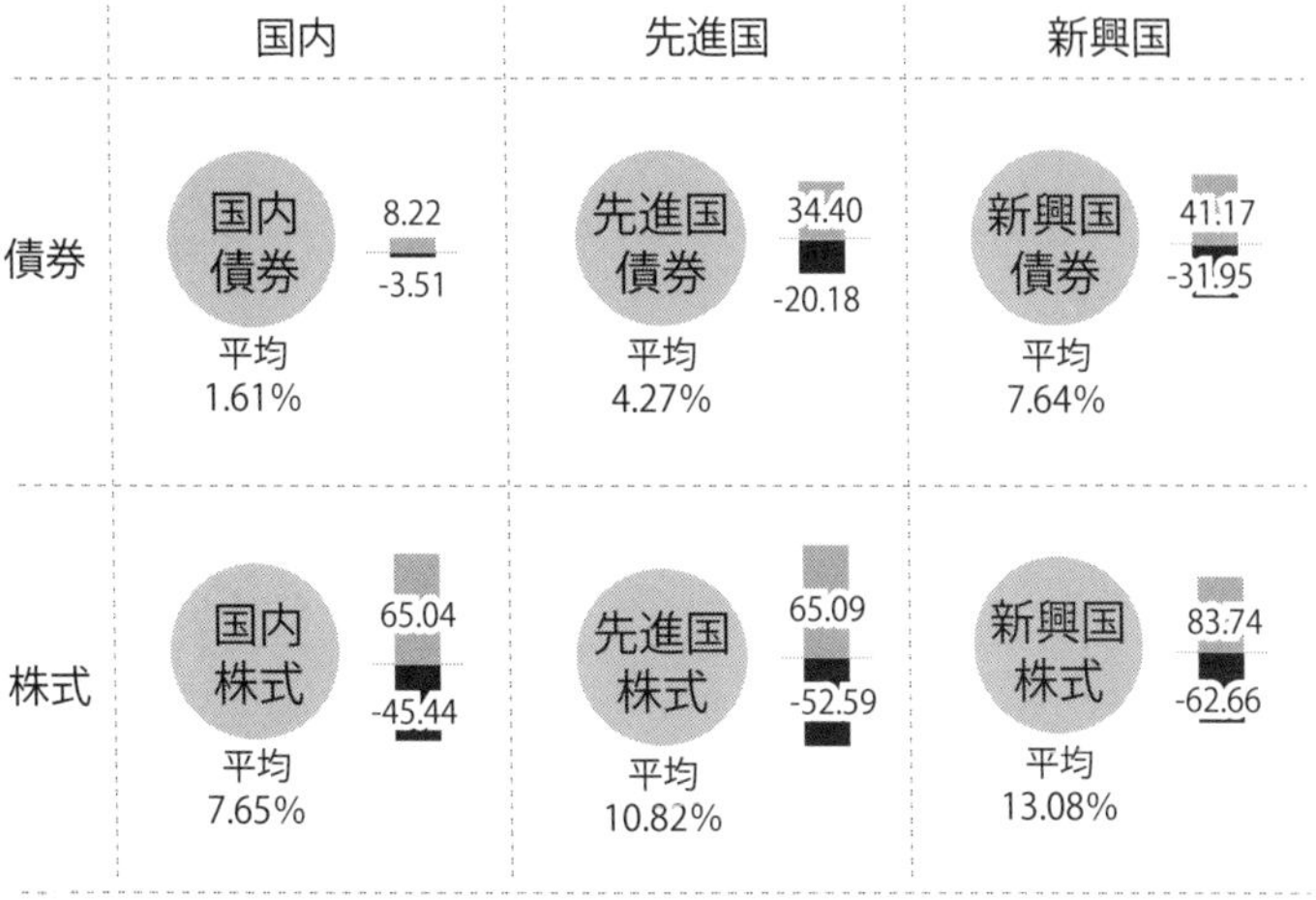

	国内	先進国	新興国
債券	国内債券　8.22 / -3.51　平均1.61%	先進国債券　34.40 / -20.18　平均4.27%	新興国債券　41.17 / -31.95　平均7.64%
株式	国内株式　65.04 / -45.44　平均7.65%	先進国株式　65.09 / -52.59　平均10.82%	新興国株式　83.74 / -62.66　平均13.08%

1年間投資を続けたときの収益率（1986～2015年）

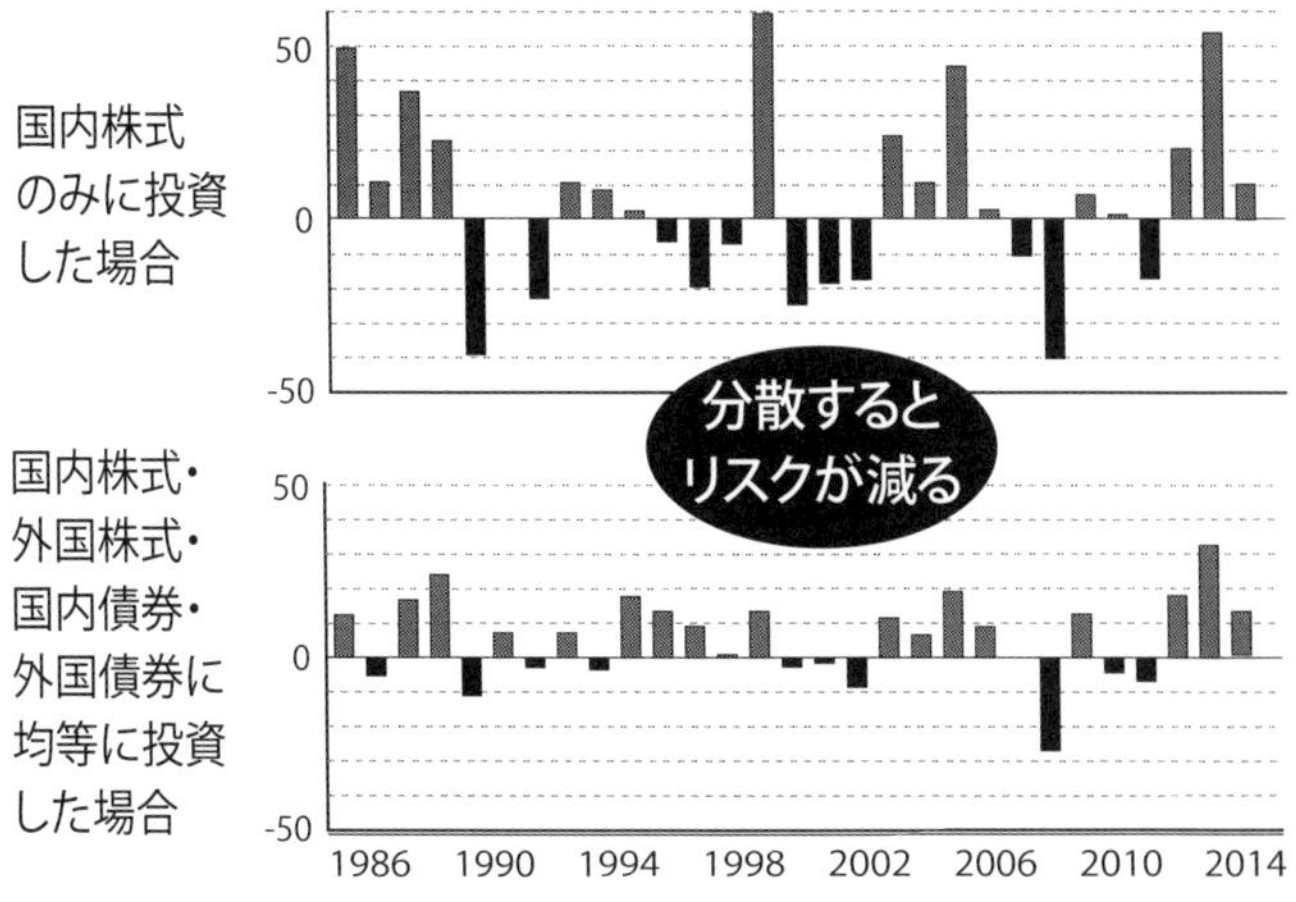

（上:SBIベネフィット・システムズ株式会社 確定拠出年金導入時資料より引用）下:Bloomberg,Datastream等のデータより三菱UFJ信託銀行が作成（https://　www.tr.mufg.jp/life-shisan/method/risk01.htmlより引用）

マイナスの凸凹が小さくなるのが分かります。

もちろん、得られるリターンの平均も下がります。しかし**リスクは格段に小さくすることができる**のです。

左ページの表は、モーニングスター社が計算した主要資産の相関係数一覧です。

相関係数とは2つのデータの連動性を示す指標で、マイナス1から1までの間の数値をとり、数値が高いほど連動性が高いことを表します。

表の中にある「REIT《リート》」とは、投資家から集めた資金で「不動産」への投資を行い、そこから得られる賃貸料収入や不動産の売買益をとして投資家に配当する商品です。不動産の投資信託を考えれば分かりやすいですね。

国内株式と世界REITは0・85、先進国債券は0・76とかなり高い相関関係にあります。つまり、国内株式と世界REIT、先進国債券の3つに資産を分散したとしても、値動きは似ているため、分散投資の効果をあまり発揮できないということです。

また、先進国株式と先進国債券も0・88、新興国株式は0・87、新興国債券は0・87とかなり相関が高くなっていて、分散投資をしてもリスクはそこまで下がってこないのです。

主要資産の相関係数

	国内株式	国内債券	国内REIT	先進国株式	先進国債券	新興国株式	新興国債券	世界REIT	コモディティ
国内株式		0.15	0.56	0.57	0.76	0.55	0.66	0.85	0.00
国内債券	0.15		0.71	-0.13	-0.17	0.03	-0.07	0.20	-0.14
国内REIT	0.56	0.71		0.07	0.08	0.12	0.07	0.43	-0.04
先進国株式	0.57	-0.13	0.07		0.88	0.87	0.87	0.74	0.51
先進国債券	0.76	-0.17	0.08	0.88		0.82	0.92	0.81	0.36
新興国株式	0.55	0.08	0.12	0.87	0.82		0.89	0.75	0.21
新興国債券	0.66	-0.07	0.07	0.87	0.92	0.89		0.85	0.20
世界REIT	0.85	0.20	0.43	0.74	0.81	0.75	0.85		0.08
コモディティ	0.00	-0.14	-0.04	0.51	0.36	0.21	0.20	0.08	

※1 国内株式＝TOPIX（配当込み）、国内債券＝NOMURA－BPI 総合、国内 REIT＝東証 REIT 指数（配当込み）、先進国株式＝MSCI－KOKUSAI（配当込み）、先進国債券＝シティグループ世界国債除く日本、新興国株式＝MSCI エマージング（配当込み）、新興国債券＝JP モルガン EMBI グローバル　ディバーシファイド、世界 REIT＝S&P グローバル REIT インデックス（配当込み）、コモディティ＝S&P/GSCI 商品指数
※2 いずれの指数も円換算　※3 相関係数は 2013 年 12 月末時点の 1 年間の月次リターンに基づく（出典：モーニングスター https://www.morningstar.co.jp/fund/analyst/2014/1q/MFA120140114.html）

逆に先進国株式と国内債券はマイナス0・13ですから、ある程度逆の動きをしていることが分かります。

また、こんなことも言えます。

国内債券はリターンがかなり低いことから敬遠されがちですが、先進国株式、先進国債券、新興国債券、コモディティ（商品）と負の相関にあり、国内REIT以外の資産ともかなり相関が低くなっており、分散投資には効果が高いこともわかるでしょう。

もちろんこのデータは過去の値動きによるものですから、今後も同じとは言い切れませんが、参考になるデータであることは間違いありません。

ちなみに、商品別のリスクとリターンを図にすると左のようになります。当たり前ですが、リスクが低い商品はリターンも少ないということですね。

これを組み合わせていくのが「商品分散」というわけです。

「アセットアロケーション（資産配分）が運用成績のほとんどを左右する」

――ノーベル経済学賞受賞学者 ハリー・マーコビッツ

資産の種類とリスクの関係

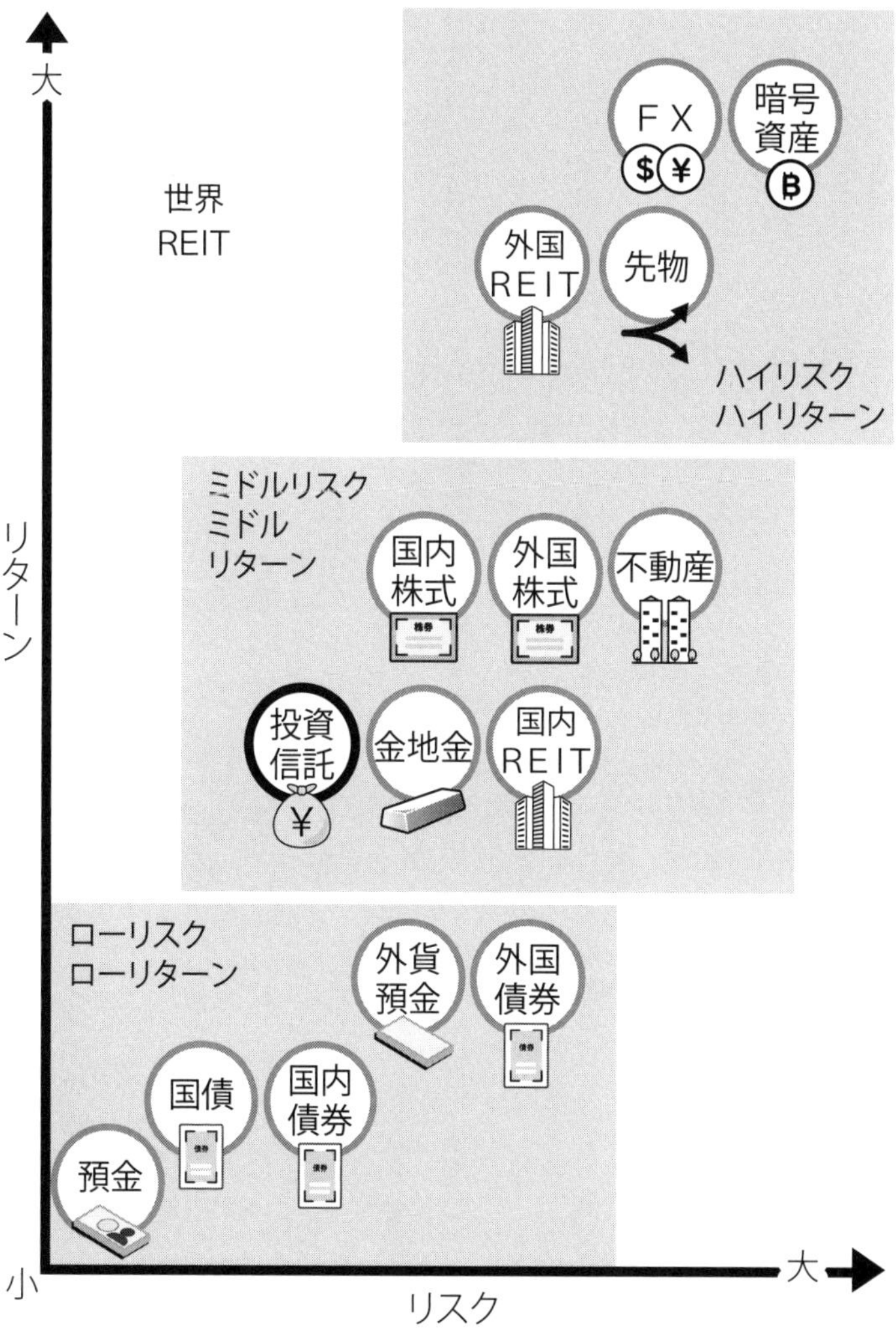

と言われるように、アセットアロケーション、つまり、どの資産にどの割合で投資するのかを決めることが資産運用ではもっとも重要です。最近の研究でも**運用成績の90%が資産配分で決まる**ことが証明されています。

じつは、このアセットアロケーションを重視した運用を行っていることで有名なのが、GPIF（年金積立金管理運用独立行政法人）というところです。

厚生労働省所管の独立行政法人で、日本の公的年金のうち、厚生年金と国民年金の積み立て金の管理・運用を行っている機関です。我々が毎月支払っている年金を運用している国の機関というわけですね。

国民から大事なお金を預かって運用するわけですから、リスクを最小にして、ある程度の利回りが出るように運用しなければなりません。

もちろん、その運用方法は国会で報告され、管理されています。そのGPIFのポートフォリオ（組み合わせ）が左上の図です。そして、その結果が左下の表です。

もちろん、このポートフォリオでも、リーマンショックや東日本大震災時はマイナスになっています。でも21年で3・78%と安定した運用実績を出していることは参考になるの

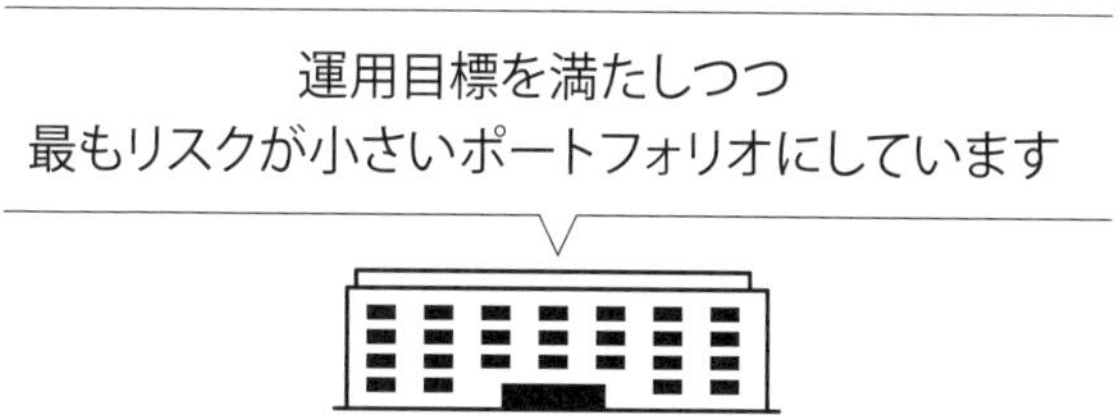

GPIFのポートフォリオ

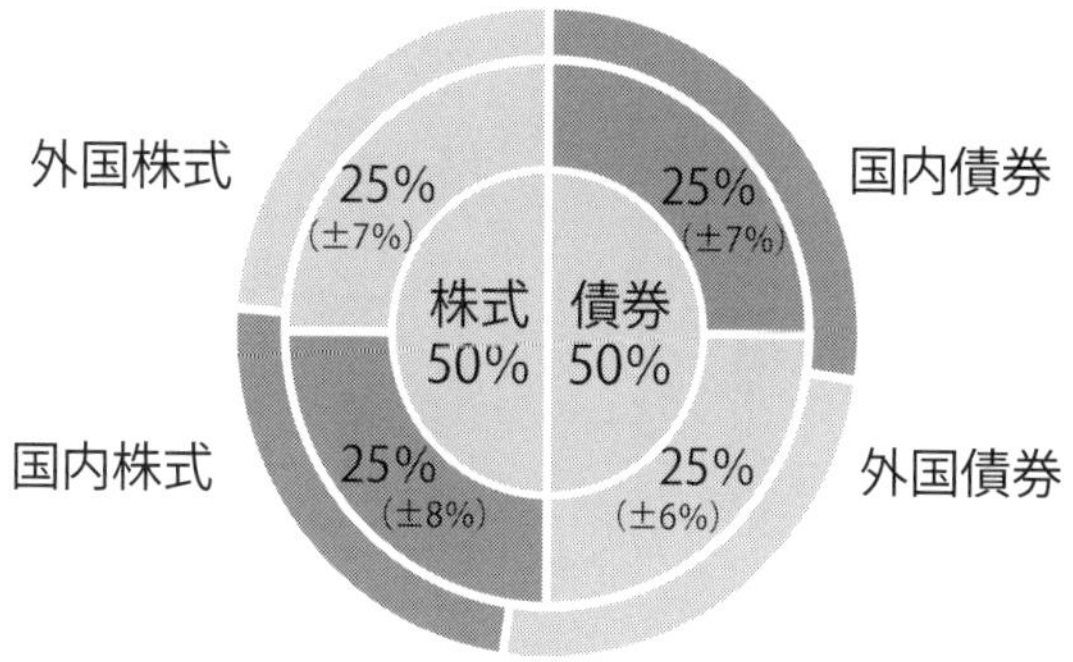

内側：基本ポートフォリオ（カッコ内は乖離許容率）
外側：2022年9月末の実績
（GPIF「2022年度第2四半期運用状況（速報）」より）

年金積立金の運用実績（実質利回り）

2011年度	-2.39%	2017年度	6.09%
2012年度	9.33%	2018年度	0.48%
2013年度	8.09%	2019年度	-5.66%
2014年度	10.53%	2020年度	24.62%
2015年度	-4.12%	2021年度	3.86%
2016年度	5.45%	21年間（年率）	3.78%

（GPIF「年金積立金の運用目標」より）

ではないでしょうか。


前にもお話しした通り、これからの10年20年が同じ結果になるとは限りません。

２００６年に、今までお話しした理論を真っ向から否定した本が出版されました。

認識論学者で元ヘッジファンド運用者としての経験を持つナシーム・ニコラス・タレブ（Nassim NicholasTaleb）の著書『ブラック・スワン（The Black Swan）』です。

ブラック・スワンというのは、マーケットにおいて予想ができず、起きた時の衝撃が大きい事象のことをいいます。

これは、従来はすべての白鳥が白色と信じられていたのが、オーストラリアで黒い白鳥が発見されたことにより、鳥類学者の常識が大きく崩れることになった出来事から名付けられ、確率論や従来からの知識や経験からでは予測できない極端な現象（事象）が発生し、その事象が人々に多大な影響を与えることを総称しています。

こんな話を持ち出すと、

「えっ、じゃあ何を信じればいいの？」

と言われてしまいそうです。

ですから運用の基本は、まずは**運用しなくても成り立つキャッシュフローを作る**ことなのです。その上で、余裕資金を運用する。その時に我々が運用の指標とするのは、長期間での実績しかないのです。

ですから「リスクがゼロになることはない」ということをまず理解してください。

ただ、だからと言って怖がってばかりもいられません。だからこそ、リスクをできるだけ少なくする運用を学ぶ必要があります。

そのひとつが、長期投資であり、分散投資なのです。

この方法での実績は、一応、リーマンショックや震災というブラック・スワンを乗り越えてきているのですから。

8

分散投資③ 時間を分散すると安定する

最後にできるリスク軽減策が「時間の分散」です。

有名な投資方法で**「ドルコスト平均法」**というものがあります。

左の図は、ある銘柄の株式に投資したAさんとBさんの比較例です。Aさんは一気に20万円投資し、Bさんは毎月5万円を4ヶ月間投資し続けました。結果、総購入金額は同じですが、平均購入単価には差が出ました。この差が最終的な利益を大きく左右することになります。

もちろん、底値で買って最高値で売れば儲かるでしょうが、市場では値段は下がる時もあれば上がる時もあります。どこが最高値なのか底値なのかは、プロでもすべてが終わってからでないと分かりません。2020年から始まった新型コロナウイルスの大流行中も、株式市場は毎日のように乱高下しました。

だからこそ、底値の時も最高値の時も淡々と定期的に買い続けることで、銘柄の平均価

ドルコスト平均法のメリット

価格の推移

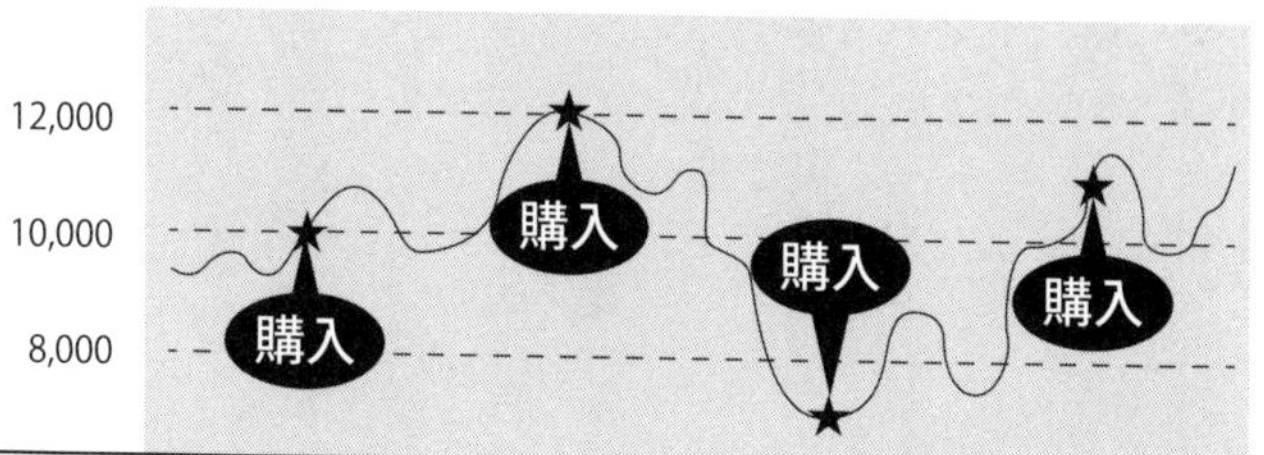

	1月	2月	3月	4月
Aさん	200,000円	—	—	—
Bさん	50,000円	50,000円	50,000円	50,000円

総購入金額	平均購入単価
Aさん 200,000円	Aさん　10,000円
同じ	Bさんの方が安く購入できている
Bさん 200,000円	Bさん　9,590円

定期的に買い続けることでリスクが低下する

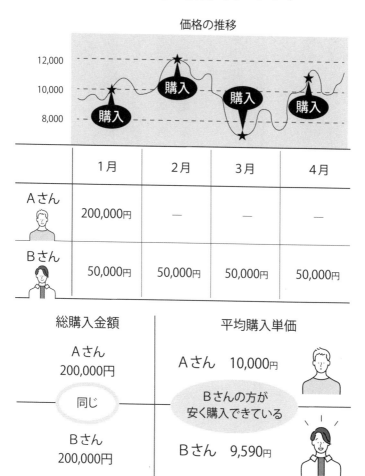

格で買うことになり、価格の変動リスクを抑えられる、つまり**一番リスクを少なくできる**ことになるのです。

整理をすると、ドルコスト平均法のポイントは2つ。

まず、**価格上昇場面、下降場面、どちらからでもスタートできる**という点です。ドルコスト平均法は投資するタイミングを自然と分散できるので、いつスタートするかを気にすることなく始められます。説明が難しいので省略しますが、一番の底値でスタートしたからといって運用成績が最大化するわけではないので、時期を気にせずに始めることが可能なのです。

次に、購入単価を平準化できるので、**高値づかみを回避できる**という点です。一度に大きな金額を投資して高値づかみをした場合、値下がり時に大きなリスクが発生します。しかし、ドルコスト平均法の場合、購入金額を固定するので、価格が上昇している場合は購入口数が少なくなり、逆に下降している場合は購入口数が多くなるため、自然と購入単価の平準化が可能です。

よくある失敗パターン

値下がりに焦って
底値で売ってしまう
高値になっても
いつ値下がりが
始まるか怖くなり
上昇途中で
売ってしまう
「損するかも」という恐怖に
耐えられないんだ…

ドルコスト平均法ならば…

タイミングを
うかがわなくても
いいし…
高値づかみを
回避できる
価格上昇・
下降場面
どちらからでも
スタートできる
売買のことを
あまり考えなくて
いいのがラク

9

どんなもので資産運用をする?

リスクを少なくして投資することが、「資産運用」と「ギャンブル」の一番の違いだと説明してきました。さらに、その方法が「長期投資」「分散投資」だということがご理解いただけたと思います。

しかし、これを理解しても実行することは現実問題難しい。

例えばアメリカのアップル社の株を購入しようとします。1株あたり約155ドルとして、1ドル130円で計算すると、約2万円になります。1社の株を1株購入するだけで2万円の投資が必要となると、資産を分散するには大きな金額が必要になってしまいます。

さらに、それを毎月続けていくのは現実問題、不可能なのです。

そこで、それを可能にするのが**「投資信託(ファンド)」**というわけです。

私たちが資産運用を考える上での具体的かつ有効な手段は、主に投資信託になります。

無理の
ない
長期投資
どちらも
可能
労力
いらずの
分散投資
投資信託
すべて解決できる
時間不足
・仕事も忙しい
・調べる時間が
足りない
資金不足
有名企業の
株価等は
すでに高値
心理的負担
・恐怖
・迷い
・焦り

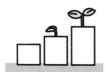

10

投資信託による資産運用

投資信託は「ファンド」とも呼ばれます。

投資家から集めたお金をひとつの大きな資金としてまとめ、運用の専門家が株式や債券などに投資・運用する商品で、その運用成果が投資家それぞれの投資額に応じて分配される仕組みの金融商品です。

集めた資金をどのような対象に投資するかは、投資信託ごとの運用方針に基づき専門家が決定・実行します。

もちろん、投資ですから、運用成績は市場環境などによって変動します。投資信託の購入後に、運用がうまくいって利益が得られることもあれば、運用がうまくいかず損をすることもあります。

簡単に言えば、「いろいろな投資商品を組み合わせて運用する商品（投資信託）を購入する」ということです。

投資信託のしくみ

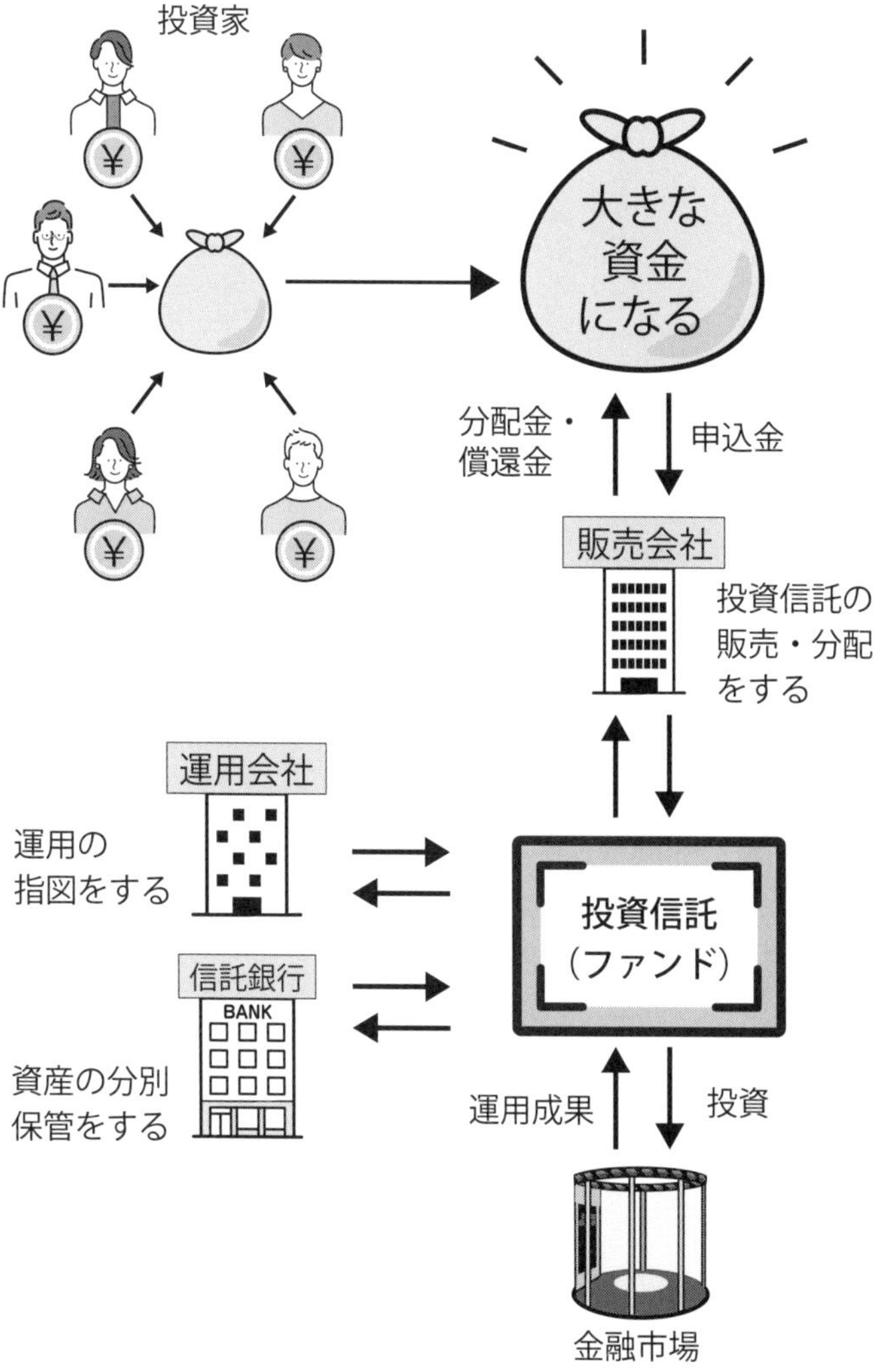
投資家
大きな資金になる
分配金・償還金
申込金
販売会社
投資信託の販売・分配をする
運用会社
運用の指図をする
信託銀行
BANK
資産の分別保管をする
投資信託（ファンド）
運用成果
投資
金融市場

個人が投資するお金は少額でも、数を多く集めれば大きな金額になります。そうすれば、一人ひとりが出すお金が少額でも、様々な商品に分散して投資することができます。

・投資信託の種類

投資信託の商品数はなんと5880本。純資産総額は163兆5610億円（2023年2月末時点）。この中から、自分に合った商品を見つけなければいけません。

と言われても、難しいですよね。

でもご安心ください。私たちが運用対象にする商品は基本的に**「追加型株式投資信託」**というものになります。

その理由を、投資信託の種類を眺めつつ少し説明します。ポイントを絞ればそれほど難しいことではありません。

投資信託には大きく分けて「株式投資信託」と「公社債投資信託」の2種類があり、それぞれ「単位型」と「追加型」に分かれます。

・公社債投資信託

これはその名の通り、公社債（国・地方公共団体・企業など）を中心に運用する投資信託で、比較的リスクが低いとされています。

種類としては「MRF（マネー・リザーブ・ファンド）」「MMF（マネー・マネジメント・ファンド）」「長期公社債投信」があります。運用商品や残存期間（債券の償還日までの期間）の長さ・信用リスクの違いによって分類されますが、これは本書ではまだ本格的に考えなくてもいいものなので、本書では説明を割愛します。「こういうものもあるのか」くらいに考えてください。

・株式投資信託

これも名前の通り株式による運用を行う投資信託なのですが、より厳密に言うと、「株式の組み入れができる商品」と言えます。

日本では税法の規定により、株式が1株でも組み入れができることになっているものは「株式投資信託」に分類されます。そのため、例えば『ニッセイ／パトナム・インカムオープン』のように、事実上は「債券型」と言える投資信託も「株式投資信託」の分類に入るのです。

でも、どうしてそんなややこしいことになっているのでしょうか?

「株式投資信託」にはメリットがあるためです。

じつは、「株式投資信託」なら元本（1万円）を割っていても販売（追加設定といいます）できますが、「公社債投資信託」は元本割れを起こすと販売（追加設定）できなくなるという問題がありました。運用する側はこうした制度上の問題を避けるために、債券だけで運用していても株式投資信託に分類する場合が多いのです。ようは売る側の都合で、読者にとっては関係ないところなので、あまり気にしないでください。

・「単位型」と「追加型」の違い

「株式投資信託」の部分でも少し触れましたが、これは購入のしかたの違いです。

「単位型」は、決められた募集期間の間しか買うことができないものです。そのため、投資信託の運用が始まると追加購入できません。

その一方で、「追加型」は「オープン型」とも呼ばれ、自由に買い付け・解約ができます。

最近では、信託期間をあらかじめ設定していない投資信託も多くなっています。

投資信託の種類

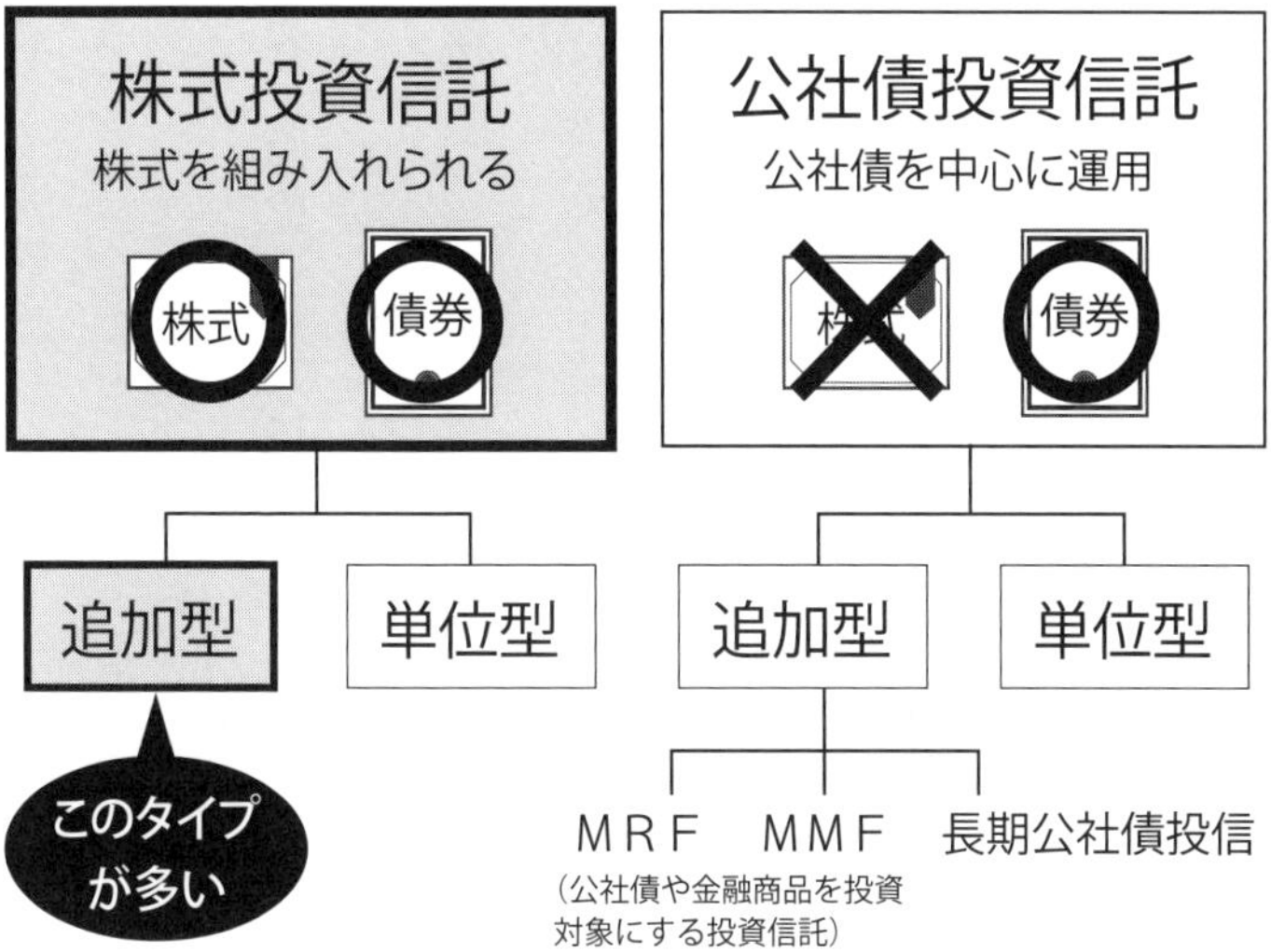

「追加型」「単位型」の購入方法の違い

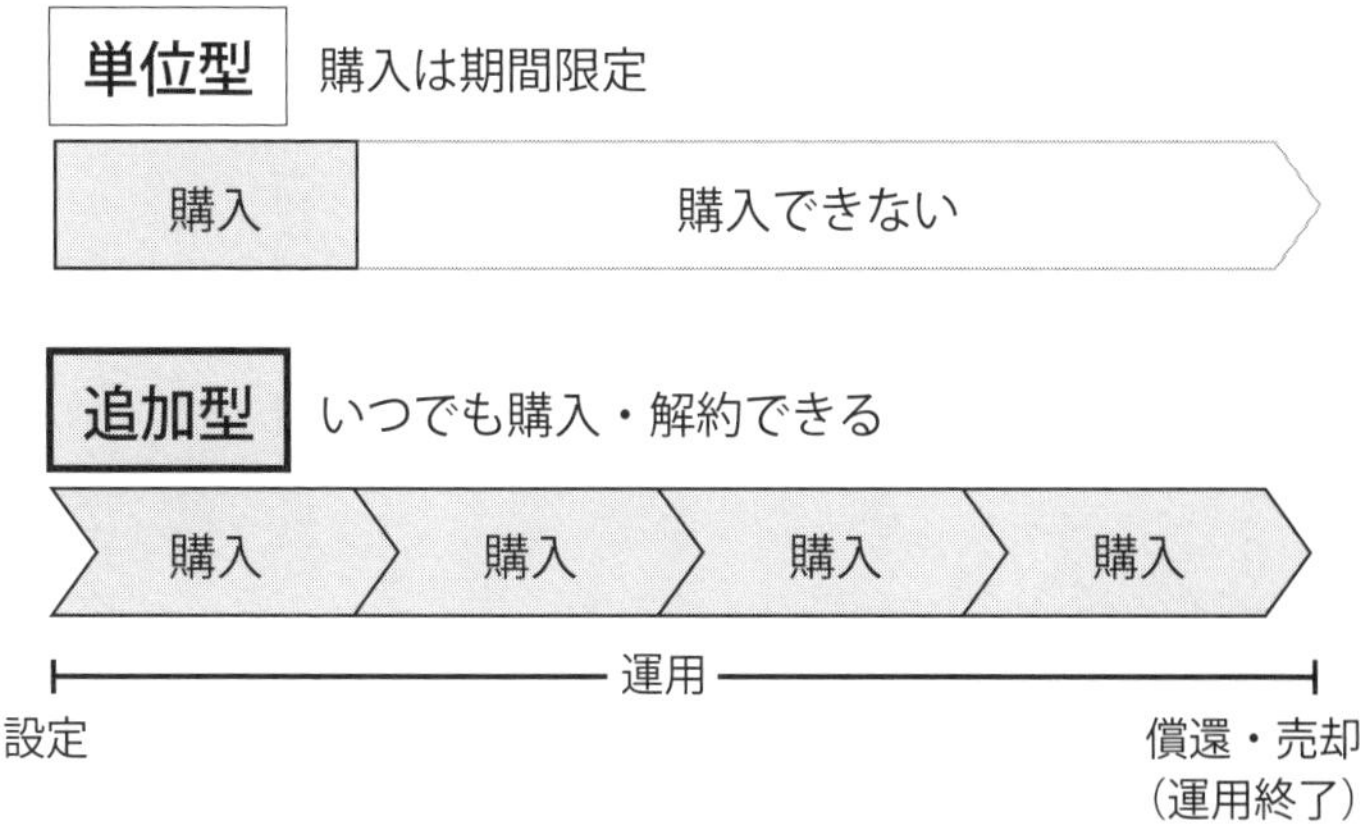

ここまで話をすると、だんだん訳が分からなくなりますよね。

でもご安心ください。じつは、投資信託5880本の内、5955本は株式投資信託。

さらに、そのうち約5796本は追加型となっています（2023年1月末・投資信託協会調べ）。

つまり、**販売されている投資信託のうちの約97%は「追加型株式投資信託」**というわけです。つまり、私たちが運用対象にする商品はこの「追加型株式投資信託」ということになります。

ちなみに、「どの商品がどの分類なのかはどうやって分かるの？」という不安があるかもしれません。

それもご安心ください。投資信託の説明書類（交付目論見書）には必ず記載があります。

この記載に気をつければ見分けることができます。

投資信託の説明書類からわかること

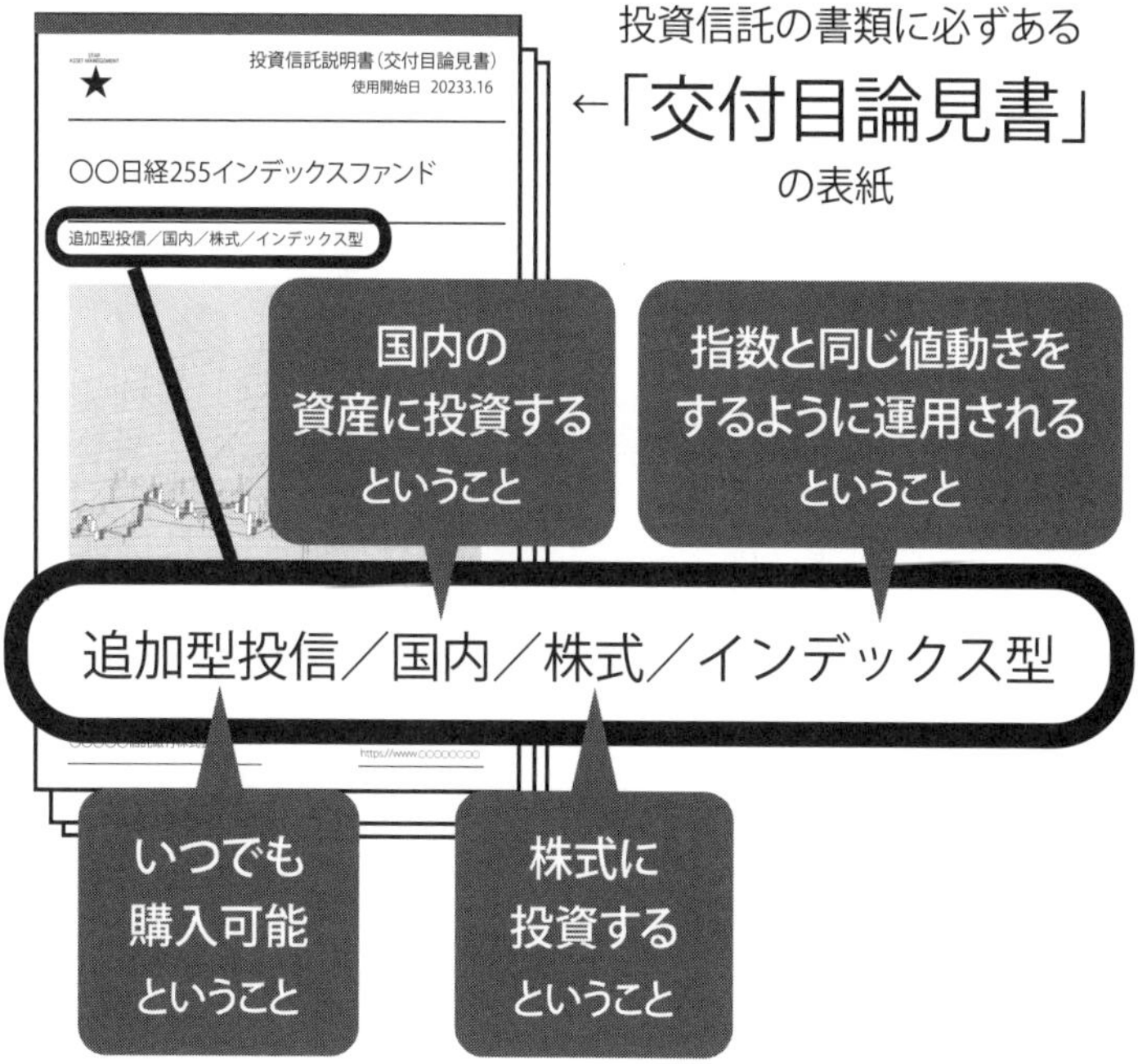

「交付目論見書」にはその他

- ・リスク
- ・特色
- ・過去の運用実績
- ・費用

などが記載されている

投資家が請求すると
交付される

請求
目論見書

・経理状況
・沿革
など

もある

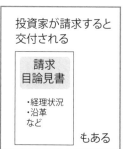

11

投資信託の資産クラス

投資信託の種類が分かったところで、次に具体的な商品の見分け方に話を移しましょう。商品の見分け方でもっとも重要なのが**「資産クラス（アセットクラス）」**です。

投資信託は、商品ごとに主にどんな資産に投資しているかによって分類できるようになっています。

リスクとリターンは、基本的に連動しています。リスクもリターンも、おおよそ地域と資産の組み合わせによって決まり、資産クラスが形成されています。

例えば、国内債券よりも先進国債券の方がハイリスクで、国内株式より新興国ＲＥＩＴの方がハイリスクという具合です。これが理解できれば、証券会社のホームページを見て商品を検索できるようになります。

投資信託の商品を探すのに便利なのが、証券会社のホームページです。

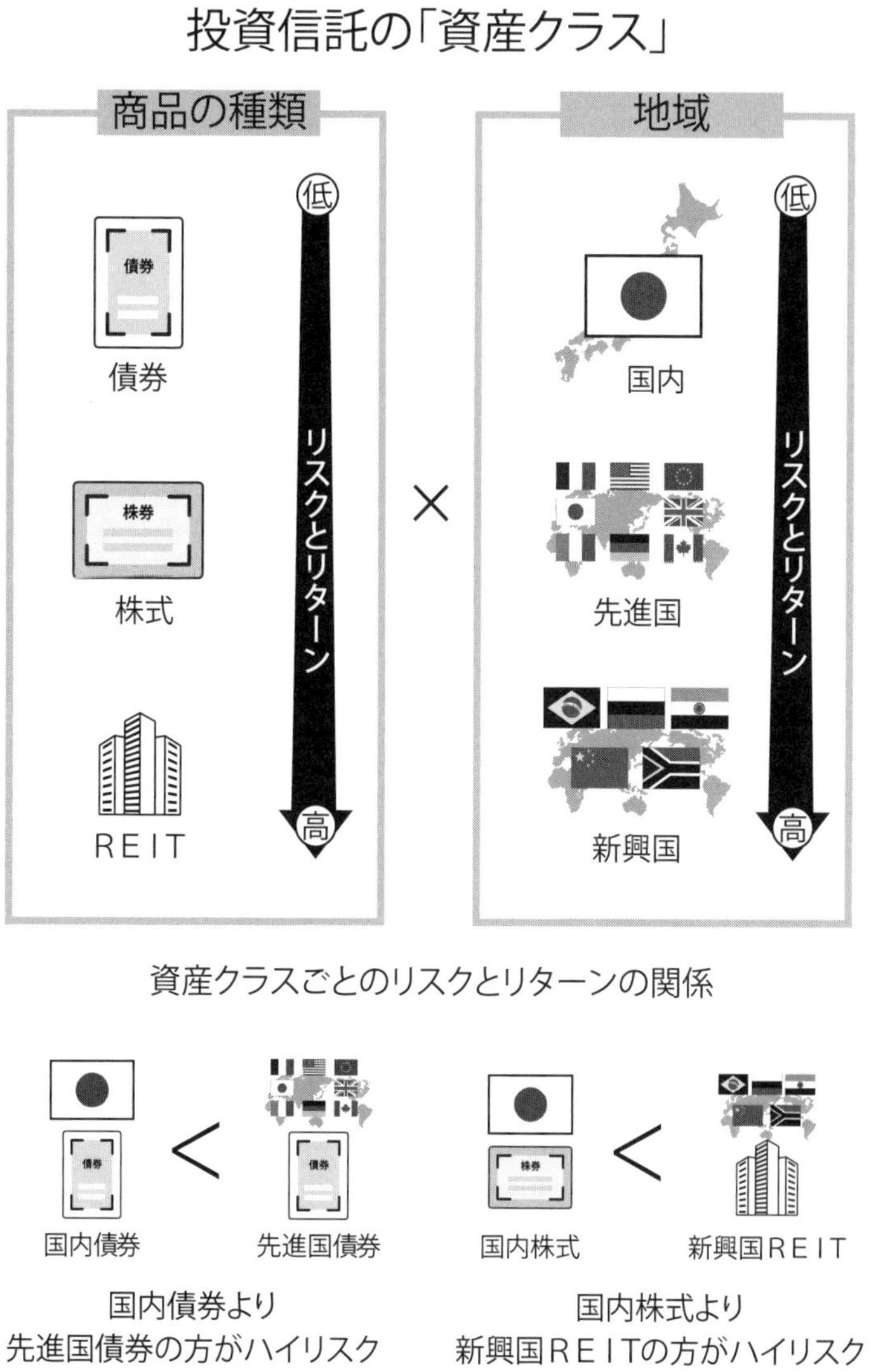
投資信託の「資産クラス」
商品の種類
債券
債券
株券
株式
REIT
低
リスクとリターン
高
×
地域
国内
先進国
新興国
低
リスクとリターン
高
資産クラスごとのリスクとリターンの関係
債券
債券
国内債券
先進国債券
株券
国内株式
新興国ＲＥＩＴ
国内債券より
先進国債券の方がハイリスク
国内株式より
新興国ＲＥＩＴの方がハイリスク

左は、ＳＢＩ証券（https://www.sbisec.co.jp/ETGate）で取扱のある投資信託の一部です。「投信」のタブから「銘柄検索・取扱一覧」に進むと、このページのようにリストが表示されます。

画面左側の検索条件「詳細な条件で絞り込む」欄にある「ファンド分類」というところにご注目ください。ここには「国内株式」「国際株式」「国内債券」「国際債券」などの選択肢が並んでいて、チェックを入れた分類に該当する商品がリストアップされます。

例えば、「国際株式」（先進国と新興国を合わせて「国際」という表現をしているところも多いようです）にチェックを入れて検索すると、左のように商品一つひとつに「国際株式／北米」「国際株式／グローバル」というふうに分類と地域が記載されるので、各商品が持っている特徴がおおよそ分かります。

あとは、自分の資産配分（アセットアロケーション）に合わせて商品を選んでいくことになります。

資産クラスはこれで分かる

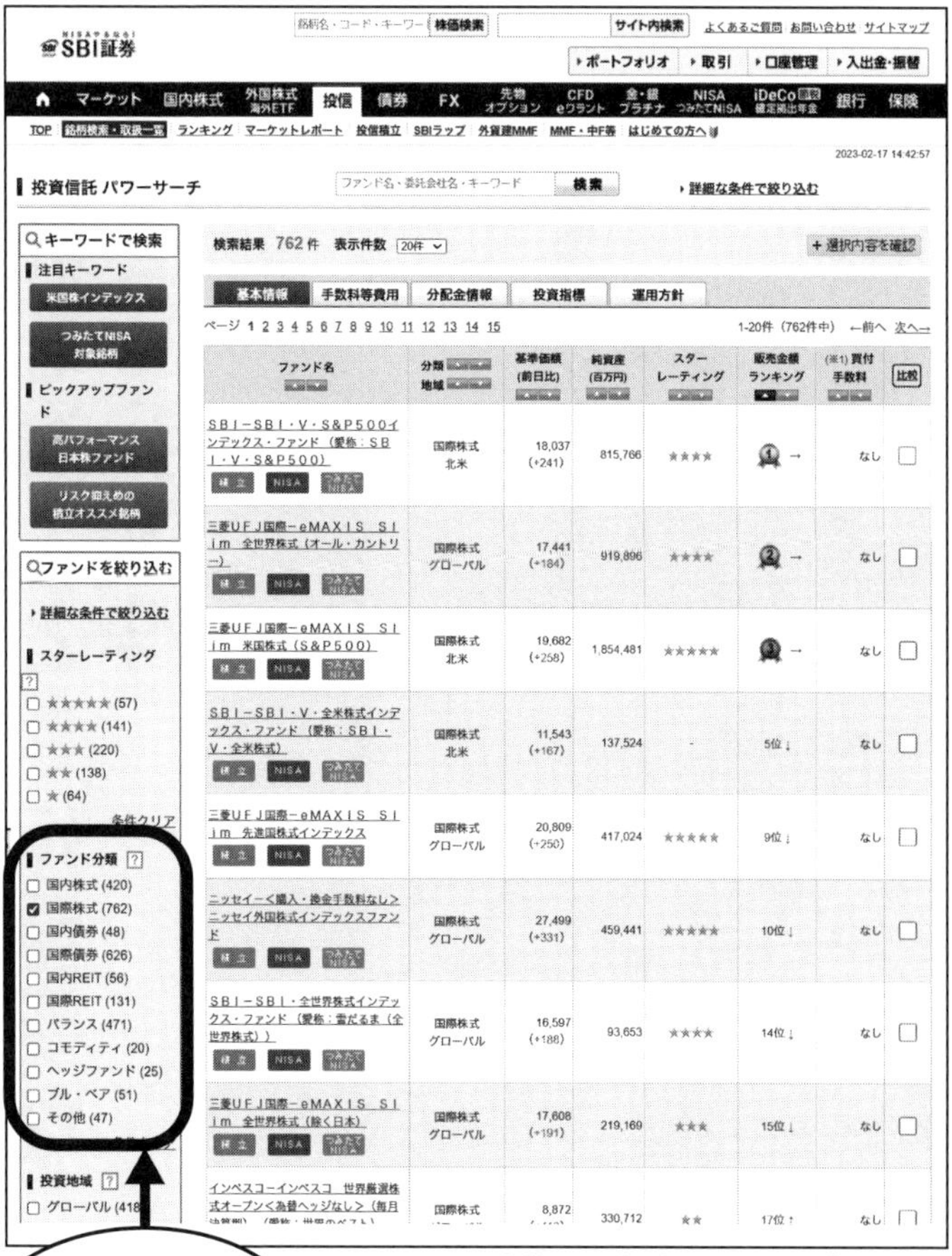

ＳＢＩ証券ホームページのファンド分類で「国際株式」にチェックを入れたときの結果（2023.2.17）
（https://site0.sbisec.co.jp/marble/fund/powersearch/-fundpsearch.do）

12

投資信託を選ぶときに重要な運用方法と手数料

投資信託の運用方法は、主に「インデックス運用（パッシブ運用）」と「アクティブ運用」に大別されます。

インデックス運用（パッシブ運用）

「インデックス」とは、複数の株価や債券価格など市場全体の値動きを示す指標（ベンチマーク）のことです。例えば、日本の代表的なものとしては、「日経平均株価（日経225）」や「東証株価指数（TOPIX）」がインデックスにあたります。

インデックス運用は、これらの指数に連動する運用を目標とした運用スタイルです。日経平均株価など普段見慣れている指数と同じ動きをすることから、値動きが分かりやすいと言われています。

インデックス運用に使用される主な指標

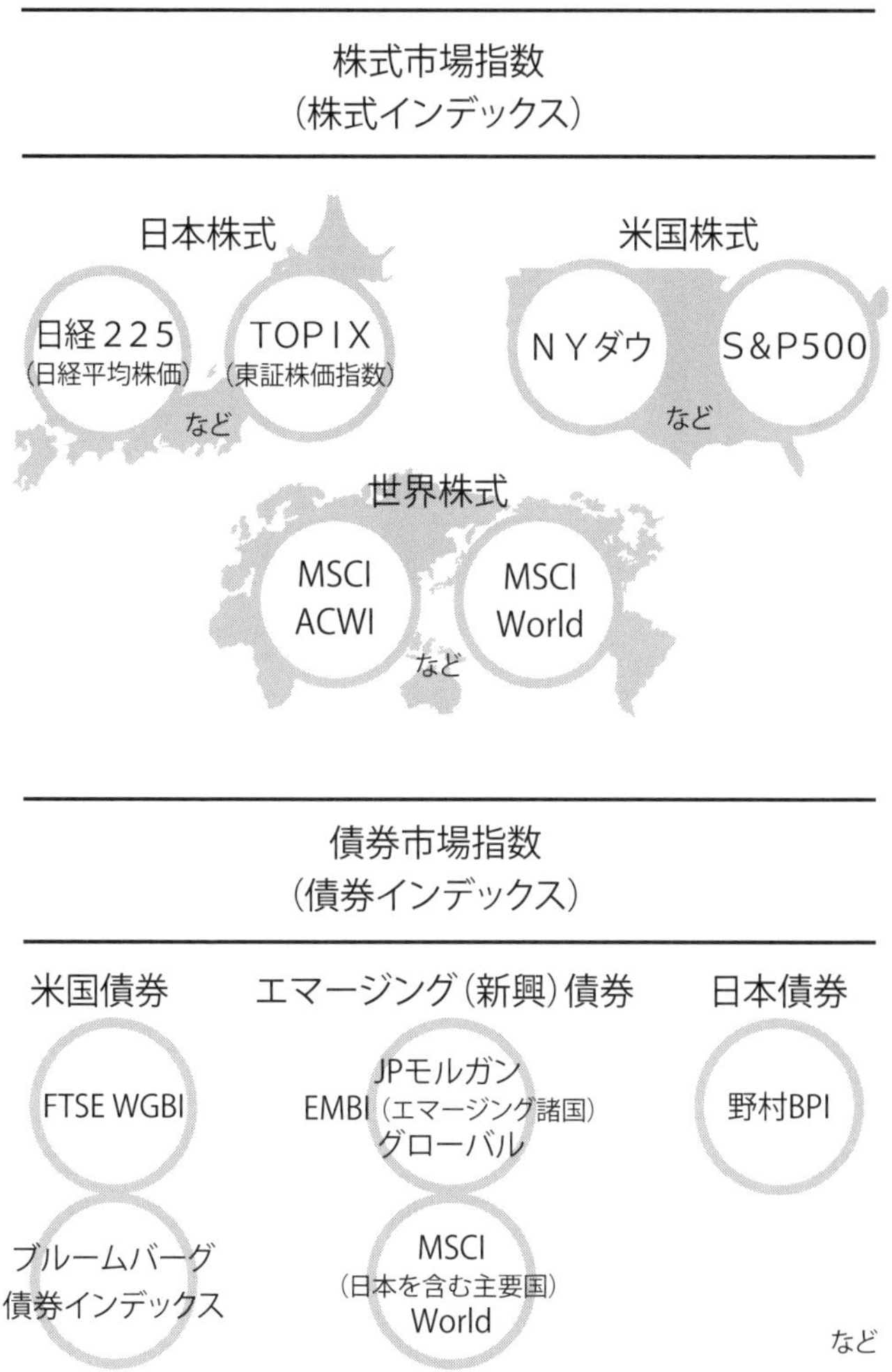
株式市場指数
（株式インデックス）
日本株式
日経225
（日経平均株価）
TOPIX
（東証株価指数）
など
米国株式
NYダウ
S&P500
など
世界株式
MSCI ACWI
MSCI World
など
債券市場指数
（債券インデックス）
米国債券
FTSE WGBI
ブルームバーグ債券インデックス
エマージング（新興）債券
JPモルガン EMBI（エマージング諸国）グローバル
MSCI（日本を含む主要国）World
日本債券
野村BPI
など

例えば、次ページのインデックス運用の商品であれば、アメリカの「S&P500」という指数（アメリカに上場されている500社の平均株価の指標）と同じような動きになるように運用されている商品なんだということが分かります。

アクティブ運用

インデックス運用が指標としている指数と同じ値動きになるように運用しているのに対して、アクティブ運用は、株価の上昇が期待される銘柄を厳選して投資し、指標を上回る投資成果を目指す運用手法です。

アクティブ運用は、ファンドマネージャーと呼ばれる運用担当者が、日々のインデックスの値動きを追うのではなく、株式市場全体が上昇する日であっても下落する日であっても、常に将来・中長期的に株価が上昇する銘柄を探し続けて運用しています。

どちらの運用方法がいいのか？

インデックス運用とアクティブ運用。どちらを選べばいいのでしょうか？

もちろん、それぞれにメリットとデメリットがあるので一概には言えませんが、ひとつ

アクティブ運用

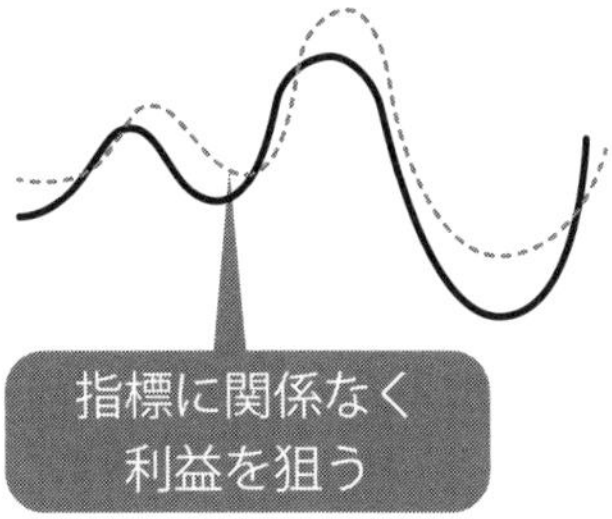

商品例

ひふみプラス

単位型・追加型
追加型
投資対象地域
内外
投資対象資産（収益の源泉）
株式
補足分類
アクティブ型
対象インデックス
TOPIX・MSCI-KOKUSAI・MSCIエマージング・マーケット・インデックス・NOMURA-BPI国債等

（「ひふみプラス」交付目論見書より）

インデックス運用

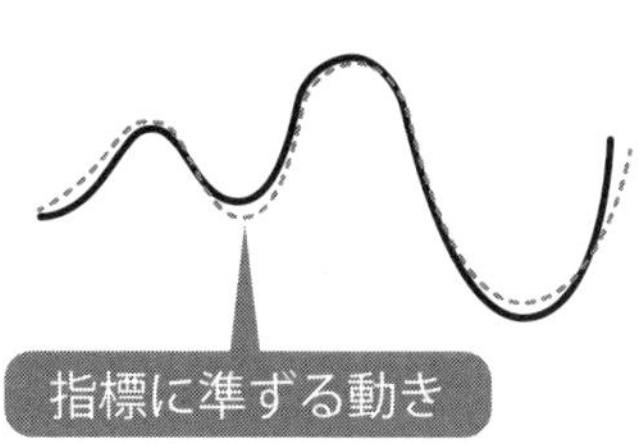

商品例

eMAXIS Slim
米国株式（S&P500）

単位型・追加型
追加型
投資対象地域
海外
投資対象資産（収益の源泉）
株式
補足分類
インデックス型
対象インデックス
S&P500指数 （配当込み、円換算ベース）

（「eMAXIS Slim 米国株式(S&P500)」交付目論見書より）

注意していただきたいのが**「信託報酬」**という手数料です。

投資信託の手数料には、主に「買付手数料」と「信託報酬」という2つの種類があります。「買付手数料」は、投資信託を購入する際に、証券会社などの販売会社に支払う手数料のことで、「購入時手数料」「販売手数料」「申込手数料」と呼ばれることもあります。

証券会社などによって同じ商品でも手数料が異なりますが、最近はネット証券の参入などにより、無料になってきているケースがほとんどです。ですので、あまり気にしなくてかまいません。

一方「信託報酬」とは、投資信託を管理・運用してもらうための経費として、投資信託を保有している間はずっと投資家が支払い続ける費用のことです。

ただし、別途支払うのではなく、信託財産の中から「純資産総額に対して何%」といった形で毎日差し引かれます。信託報酬は、ファンドごとに定められているため、同一ファンドならどの販売会社で保有しても料率は同じです。

インデックス運用とアクティブ運用は、この「信託報酬」に大きな違いがあります。

インデックス運用は、指標（ベンチマーク）に対して同じ値動きになるように機械的に

投資信託の利益

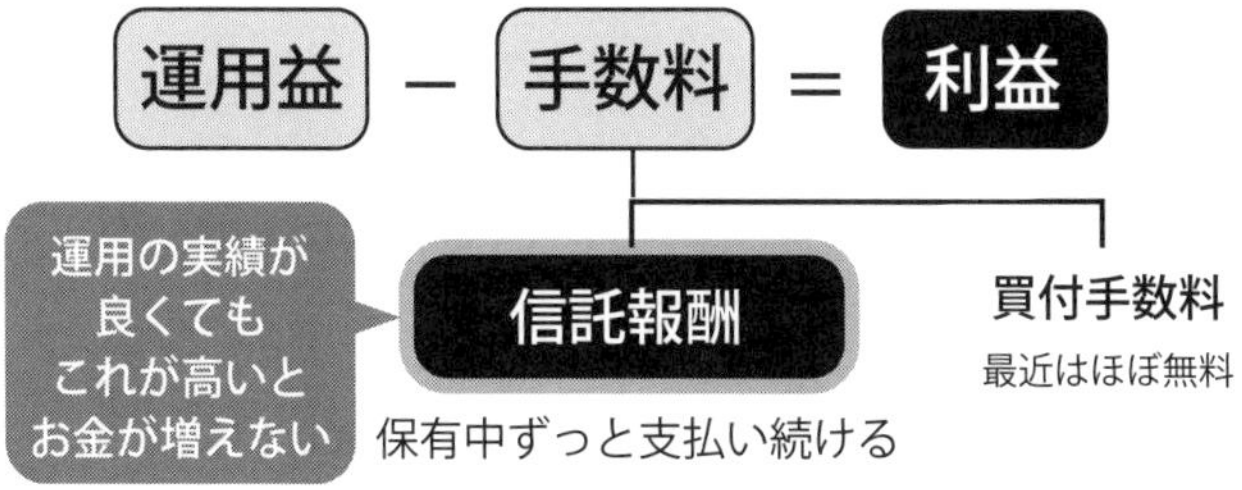

例	信託報酬率（年率）
ニッセイ／パトナム・インカムオープン	1.65%
eMAXIS Slim　米国株式（S&P500）	0.0968%
eMAXIS Slim　バランス（8資産均等型）	0.154%

※解約時に信託財産留保額がかかる場合があります

運用されているため、信託報酬が低く設定されています。

一方アクティブ運用は、ファンドマネージャーと呼ばれる運用担当者が、目利きしながら時間と手間をかけて運用しているため、信託報酬が高めに設定されているケースがほとんどです。

インデックス運用は安いもので0・1〜0・5％程度なのに対して、アクティブ運用は1〜3％程度とインデックス運用の5〜10倍程度の信託報酬が設定されています。

長期投資を前提とすると、アクティブ運用は手数料がかさんでしまうため、手数料面で言えば、より手数料の安いインデックス運用が有利と言えます。

ただ、投資対象の市場成長が見込めない場合や、そもそも人口が減っていく日本のように市場自体が縮小傾向にある場合は、指標（ベンチマーク）と同じ値動きを目指すインデックス運用は利益を出しにくい傾向があります。そのケースの場合は、アクティブ運用の方が有利であるといえます。

バランスファンド

投資信託の最大のメリットは、少ない金額で分散投資ができるということです。それでも、ここまで種類が多いと、「その組み合わせを考えるのは少し面倒だ」と思う人も少なくないでしょう。

そんな人にオススメなのが、「バランスファンド」というものです。

バランスファンドとは、資産複合型ファンドとも呼ばれるように、すでにいろいろな資産クラス（アセットクラス）を組み込んだ商品です。例えば、左のような商品であれば、代表的な8つの資産クラスを8分の1ずつ均等に組み込んだ商品です。つまり、この商品ひとつで、8つの資産クラスへの分散投資ができるということになります。

バランス型の商品例

eMAXIS Slim　バランス（8資産均等型）

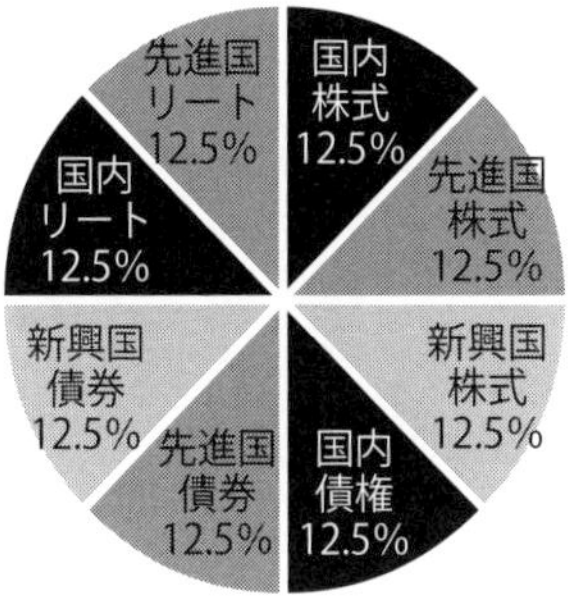

（「eMAXIS Slim バランス（8資産均等型）」
交付目論見書より）

単位型・追加型
追加型
投資対象地域
内外
投資対象資産（収益の源泉）
資産複合
補足分類
インデックス型
対象インデックス
その他（合成ベンチマーク）

ただ、バランスファンドは、資産クラスの配分を自分で好きなように変えることができないので、自分なりの資産配分（アセットアロケーション）を組むことができないという欠点もあります。

13

自分以外の力を頼っていい

「運用成績の90％は資産配分（アセットアロケーション）で決まる」とお話ししました。

しかし、長期間運用を続けているうちに、運用成績により、アセットアロケーションが変形していきます。

ということは……そう結局、**投資をしたりしなかったり、儲かった時にお金を使ってしまったりするのは、一番非効率な運用だ**ということです。

もし運用をするなら、市場の動きに動揺せず、毎月コツコツと続ける強い心を持って長く続けないといけません。

もちろん、運用をして複利のパワーを味方につけることに挑戦されることは構いません。

しかしそのためには、長期的に運用できるお金とリスクの許容量、そして多少の値動きで一喜一憂しないハートが大事なのです。

「そんなこと自分ではできないから、プロが勧めるものをそのまま購入して運用すればい

資産運用に必要なものは資金だけではない

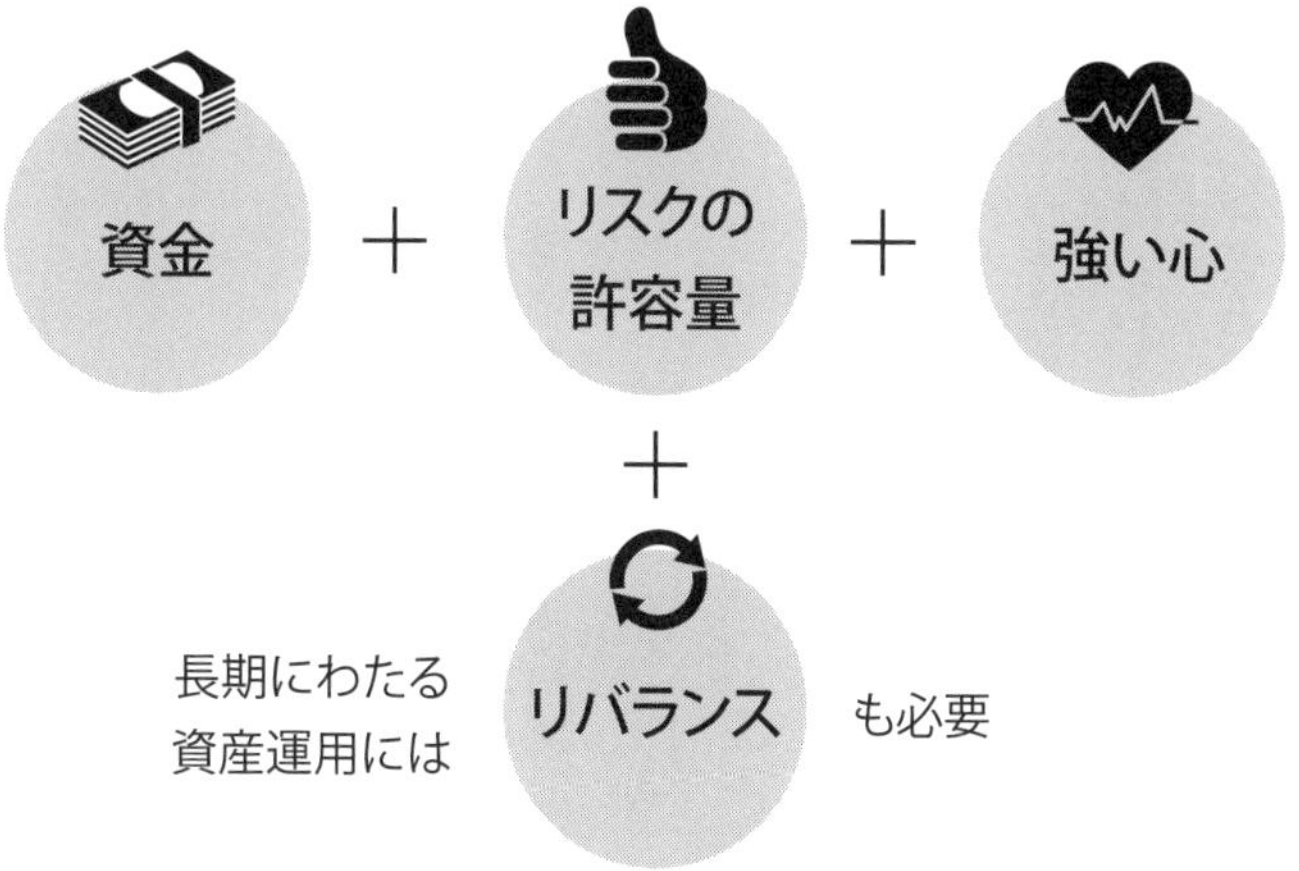

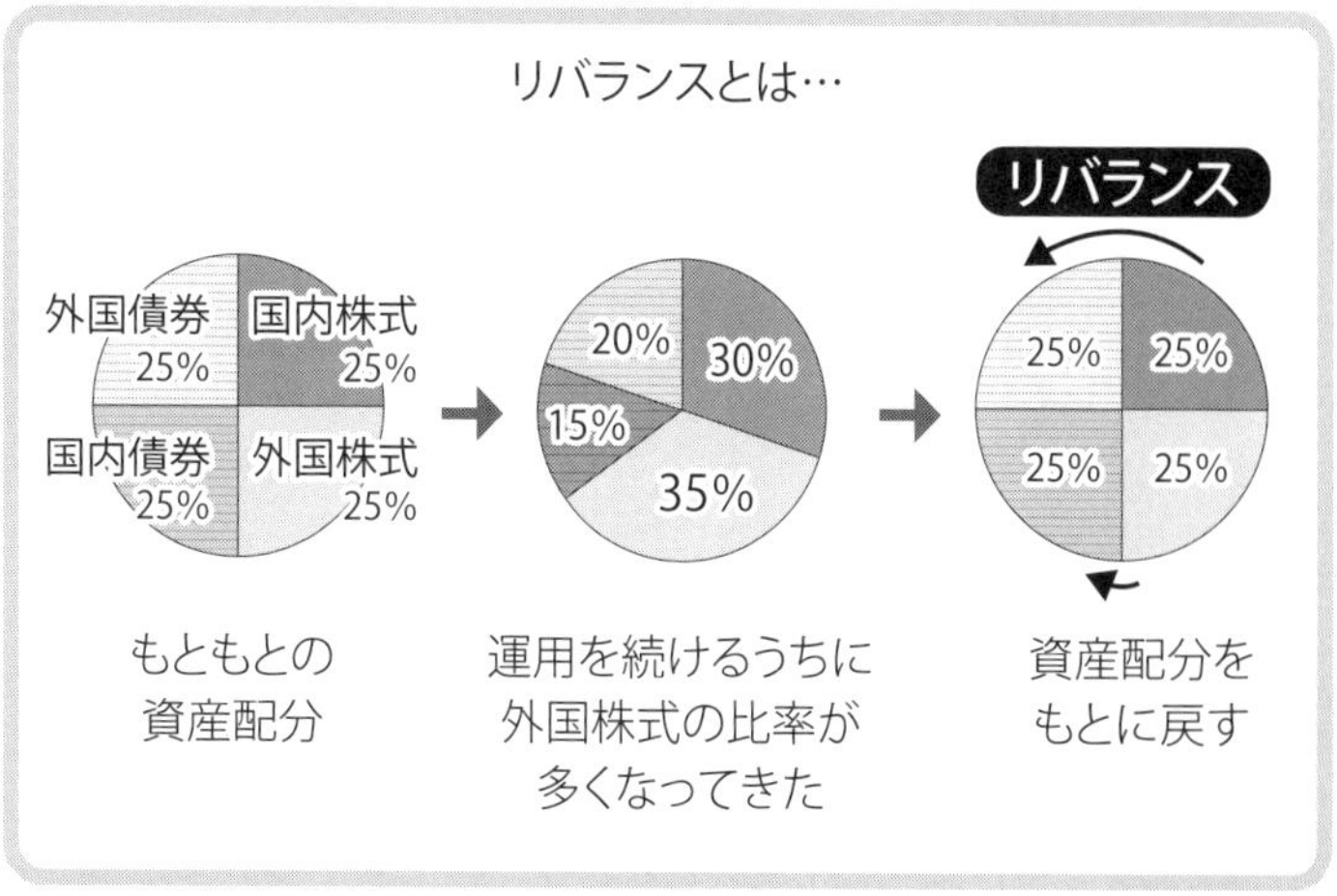

自分の力だけで運用を続けるのは難しい

いのでは？」という人もいるでしょう。

しかし、残念ながらそれは名案ではありません。なぜなら、投資の世界の中では「プロが全力で行う資産運用が必ずしも効果が高いことはない」ということは常識だからです。

「運用のプロである、ファンドマネージャーでも、5年以上継続して利益を出すことは、かなり難しい。サルにダーツを投げさせて、選んだ株式銘柄を買い続けても、結果はファンドマネージャーの成績と変わらない」

――ランダムウォーク理論

プロでも5年以上継続して利益を出すことは困難なのです。素人の私たちがさらに難しいのは言うまでもないですね。どの企業の株価が上がるか下がるかを自分で予想することに、意味はありません。**原則にのっとって行うことが大事**です。

そして、原則という点で言うと、長期運用・分散投資（地域分散・商品分散・時間分散）そしてリバランスという投資の原則にのっとって行うことが大事なのです。

ランダムウォーク理論とは…

市場平均 ＞ 運用のプロによる成績

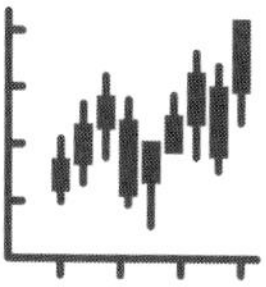

運用のプロでさえ
5年以上継続して利益を出すことは
難しい

じつはプロの運用はサルのダーツにも劣る??

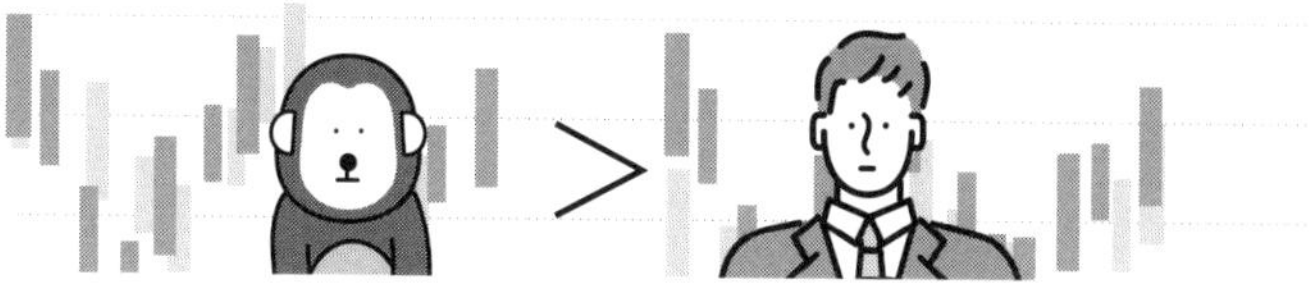

相場の値動きはランダムで
予測することは不可能

↓

だからこそ原則にのっとった運用を行う

長期　分散　リバランス

3章

「老後」の解像度を高めてゴールを設定しよう

1

何事もまずはゴールを決めてから

資産運用の基本についてお話ししてきました。

しかしこれでは、

「じゃあ実際いくらまで資産運用にまわせるの？」

「どのくらい資産運用しなければいけないの？」

という具体的な質問の回答にはなりません。

重要なのは自分の人生に当てはめて、現状の分析と将来の計画を立てることです。

そのために、まず**自分に合った運用の目標を設定する**ところから始めることが重要です。

漠然とした不安を具体的なゴールに変えることが資産運用で失敗しないコツだと言えます。

というわけで次ページから、左の表を埋めることで、具体的な老後の不足額を計算していきます。

老後の年金（夫）

円（予想）

老後の年金（妻）

円（予想）

夫・平均余命18年（65歳から）　＋　妻・平均余命23年（65歳から）　－　老後の生活費

差額（生活費）　＋　特別支出　＝　老後資金の目安

老後資金の目安　－　特別収入　＝　将来のために準備したい金額

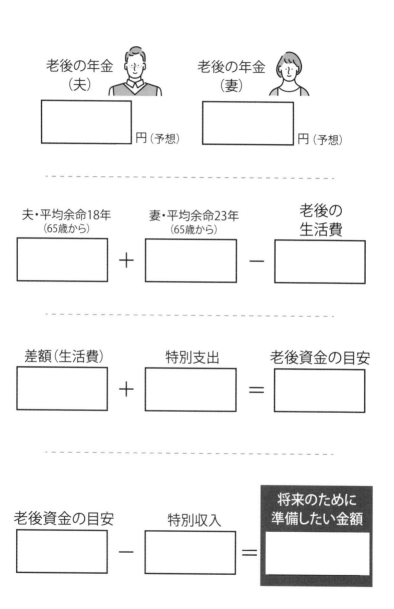

2

自分がもらえる年金額を確認してみよう

老後の一番の収入と言えば「年金」ですよね。

しかし、自分が具体的にいくらもらえるのかを知っている人は意外にも多くありません。計算式はあるのですが、それ自体が難解なうえに、法律改正が繰り返されることで、さらに分かりにくくなっています。

そんな時に便利なのが**「ねんきん定期便」**です。

「ねんきん定期便」は、現在の年金加入履歴をお知らせする通知です。毎年、誕生日の２ヶ月前までの加入内容を、誕生日月に加入者すべてに送られています。

ただ、ねんきん定期便は今までの加入履歴をお知らせするもので、老後にもらえる年金をお知らせするものではないので勘違いしないでください。

ねんきん定期便の圧着ハガキをめくると、左のようにオモテとウラにそれぞれ情報が書

ねんきん定期便・50歳以上（令和４年度）

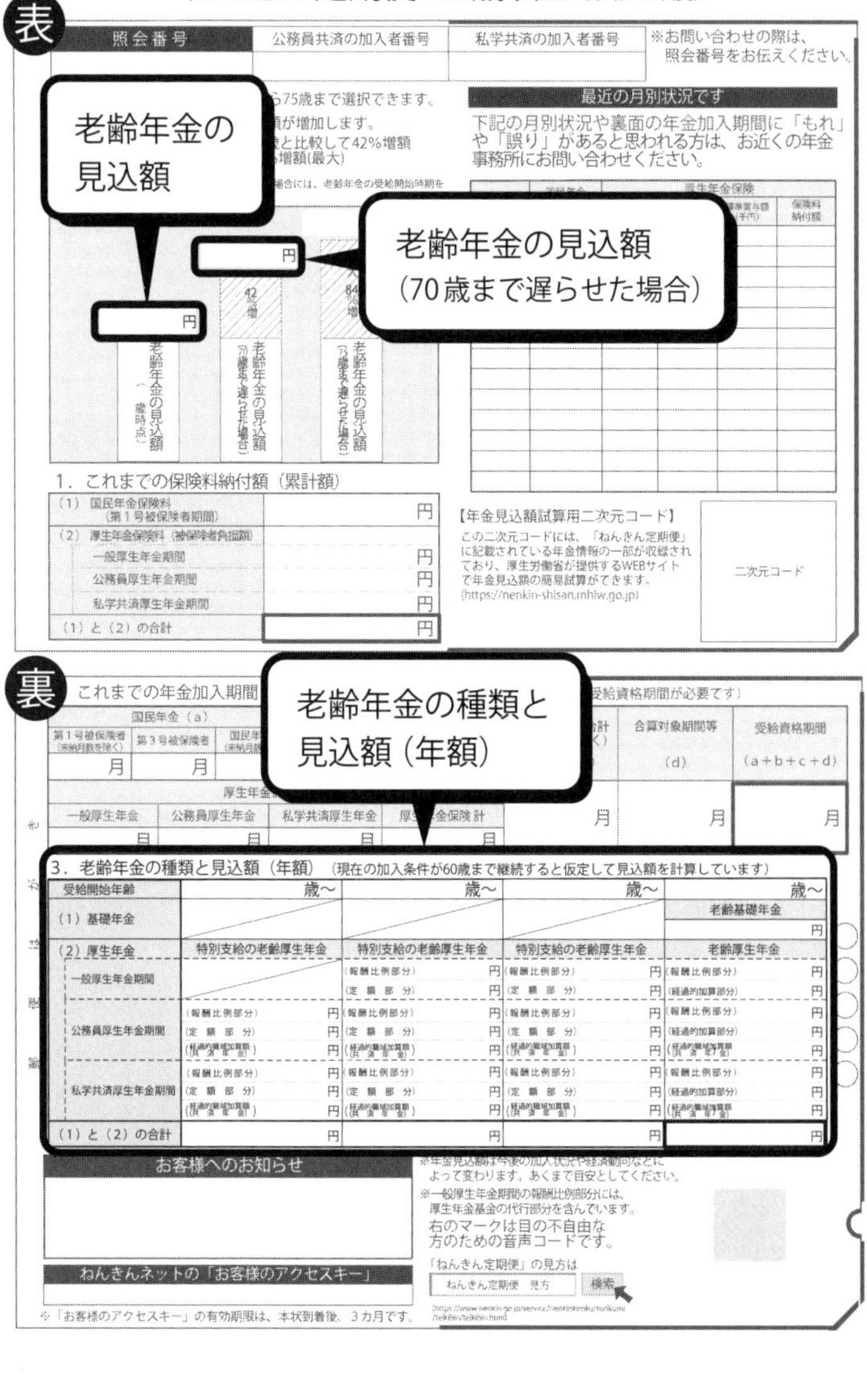

き込まれています。
50歳以上のねんきん定期便の見方は簡単です。「このまま60歳までこの状態が継続するとこのぐらいの年金がもらえます」と国が計算してくれているので、その金額を計算すれば大丈夫です。

ちなみに、50歳未満の人の場合は見方が違います。よく見ると、ウラ面下段に「これまでの加入実績に応じた年金額」という欄があります。

ここに記載されている金額だけだと、「これだけしかもらえないのか」とがっかりするかもしれませんが、気を落とさないでください。これはあくまでも、過去の加入実績に応じてもらえる現時点での金額です。この先60歳、65歳まで年金をかけ続ければ、もらえる年金は増えていきます。

制度自体が変わってしまえば、この金額も変わります。この年金額はあくまでも今の制度でもらえる金額で、将来自分たちが65歳になった時にもらえる年金というわけではありません。

だからといって、年金制度の将来を予測しても当てることはできません。しかし、不安

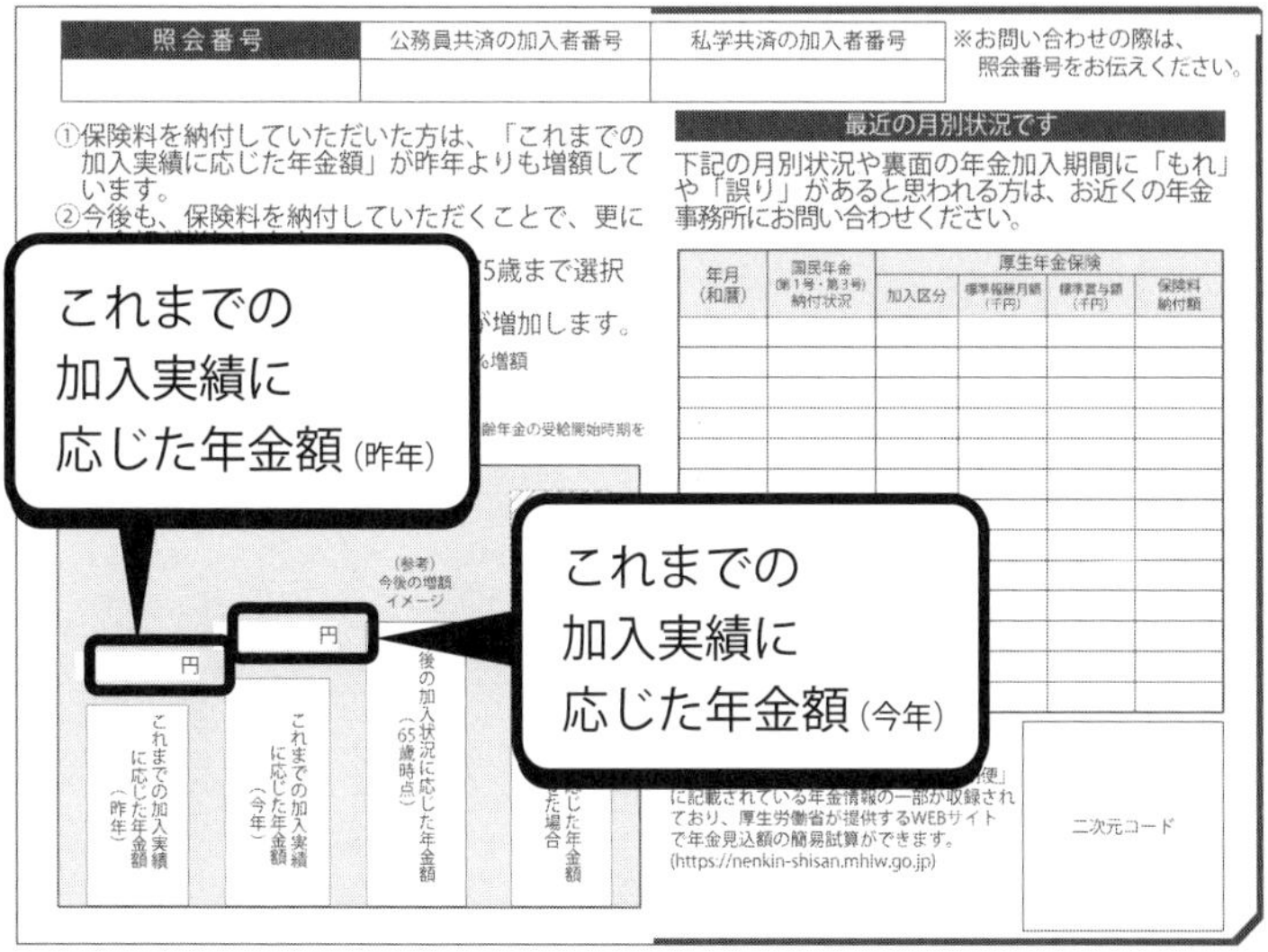
照会番号
公務員共済の加入者番号
私学共済の加入者番号
※お問い合わせの際は、照会番号をお伝えください。
①保険料を納付していただいた方は、「これまでの加入実績に応じた年金額」が昨年よりも増額しています。
②今後も、保険料を納付していただくことで、更に
5歳まで選択
が増加します。
%増額
齢年金の受給開始時期を
最近の月別状況です
下記の月別状況や裏面の年金加入期間に「もれ」や「誤り」があると思われる方は、お近くの年金事務所にお問い合わせください。
年月（和暦）
国民年金（第1号・第3号）納付状況
厚生年金保険
加入区分
標準報酬月額（千円）
標準賞与額（千円）
保険料納付額
これまでの加入実績に応じた年金額（昨年）
これまでの加入実績に応じた年金額（今年）
（参考）今後の増額イメージ
円
円
これまでの加入実績に応じた年金額（昨年）
これまでの加入実績に応じた年金額（今年）
後の加入状況に応じた年金額（65歳時点）
じた年金額
た場合
に記載されている年金情報の一部が収録されており、厚生労働省が提供するWEBサイトで年金見込額の簡易試算ができます。
(https://nenkin-shisan.mhlw.go.jp)
二次元コード

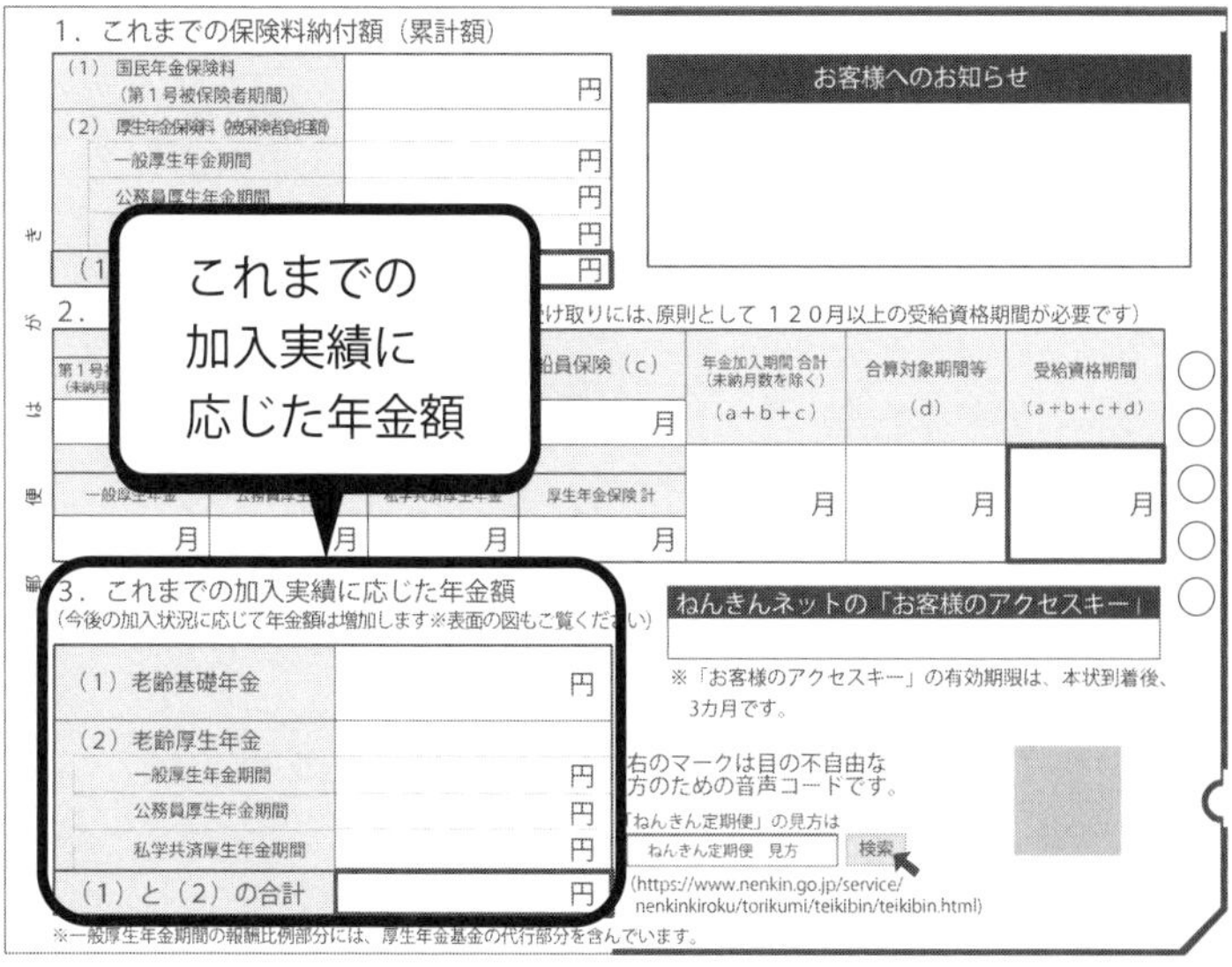
1．これまでの保険料納付額（累計額）
（1）国民年金保険料（第1号被保険者期間） 円
（2）厚生年金保険料（被保険者負担額）
一般厚生年金期間 円
公務員厚生年金期間 円
円
円
お客様へのお知らせ
これまでの加入実績に応じた年金額
2．
け取りには、原則として120月以上の受給資格期間が必要です）
船員保険（c）
年金加入期間 合計（未納月数を除く）（a+b+c）
合算対象期間等（d）
受給資格期間（a+b+c+d）
一般厚生年金
厚生年金保険 計
月 月 月 月 月 月 月
3．これまでの加入実績に応じた年金額
（今後の加入状況に応じて年金額は増加します※表面の図もご覧ください）
（1）老齢基礎年金 円
（2）老齢厚生年金
一般厚生年金期間 円
公務員厚生年金期間 円
私学共済厚生年金期間 円
（1）と（2）の合計 円
※一般厚生年金期間の報酬比例部分には、厚生年金基金の代行部分を含んでいます。
ねんきんネットの「お客様のアクセスキー」
※「お客様のアクセスキー」の有効期限は、本状到着後、3カ月です。
右のマークは目の不自由な方のための音声コードです。
「ねんきん定期便」の見方は
ねんきん定期便 見方
検索
(https://www.nenkin.go.jp/service/nenkinkiroku/torikumi/teikibin/teikibin.html)
郵便はがき

を解消するためにはある程度の予測をしないわけにもいきません。そこで、落としどころとしての将来の年金額を見立ててみることにしましょう。

あるシミュレーションでは、悲観的に考えると左上の図のようになるとも言われています。現在13万円もらえている年金が10万5０００円になるということは、おおよそ今の80％の金額しか年金はもらえない計算になります。

別のシミュレーションでは、現時点での年金と同額の金額を受け取るには、現在は65歳からもらえている支給開始年齢を70歳まで引き上げないといけないと言う研究者もいます。

でも、考え方を変えれば、「そうか、**今の80％程度は年金がもらえるんだ**」と思えませんか？

「年金がもらえない」というのと「今の80％ぐらいは年金をもらえる」というのとでは全然違います。悲観論で示されるこの金額をひとつの目安に、老後の生活の準備に入っていくというのはどうでしょうか？

なお、「ねんきん定期便」がお手元にない方のために簡単な早見表を掲載しますので、参考にしてください。

年金（厚生年金＋基礎年金）概算早見表

平均月収	加入期間（年）					
	10	20	25	30	35	40
150,000	73,297	81,629	85,629	89,740	93,850	97,961
200,000	76,037	92,480	92,480	97,761	103,442	108,923
250,000	78,778	99,331	99,331	106,183	113,034	119,885
300,000	81,518	106,183	106,183	114,404	122,626	130,847
350,000	84,259	113,034	113,034	122,626	132,217	141,809
400,000	86,999	119,885	119,885	130,847	141,809	152,771
450,000	89,740	126,736	126,736	139,069	151,401	163,733
500,000	92,480	133,588	133,588	147,290	160,993	174,695

3

定年前と定年後の生活費は変わらない

老後の年金額に目安がついたところで、次は老後の生活費です。いったいどのぐらいの生活費を考えておけばいいのでしょうか？

少し、国の家計調査を見てみることにします。

①60～64歳の「定年つなぎ期間」の生活費…月30万3485円
②65～69歳の「定年後前期」の生活費…月27万5189円
③70～74歳の「定年後中期」の生活費…月24万4015円
④75～79歳の「定年後後期」の生活費…月22万3075円

結構な金額ですよね。

注目したいのが食費です。

2人以上の世帯の消費支出

①
定年つなぎ期間
月30万3,485円

②
定年後前期
月27万5,189円

	50～54歳	55～59歳	60～64歳	65～69歳	70～74歳	75～79歳
世帯人員（人）	3.28	3.03	2.73	2.54	2.43	2.33
世帯主の年齢（歳）	51.9	57.0	62.0	67.0	71.9	77.0
消費支出	354,494	328,461	303,485	275,189	244,015	223,075
食料	83,186	81,779	81,022	77,187	73,712	68,306
住居	19,454	16,018	20,968	16,933	15,431	15,842
光熱・水道	23,051	22,608	22,617	22,709	21,791	20,734
家具・家事用品	13,069	12,045	13,533	13,393	11,300	9,405
被服および履物	12,251	10,068	9,399	7,264	5,832	4,704
保健医療	13,361	13,508	15,635	16,340	15,915	14,911
交通・通信	53,277	55,612	46,831	41,980	30,847	24,229
教育	36,856	20,626	6,469	1,160	507	163
教養娯楽	29,662	26,898	25,084	23,829	21,033	18,643
その他の消費支出	70,327	69,299	61,927	54,395	47,647	46,139

③
定年後中期
月24万4,015円

④
定年後後期
月22万3,075円

（総務省「家計調査年報」2021年をもとに作成）

55歳から59歳までが8万1779円なのに対して、65歳から69歳は7万7187円と4600円ほどしか下がりません。しかも1世帯の人員は3・03人から2・54人と少なくなっているので、1人あたりの食費は増加していることになります。

もちろん、光熱・水道の費用も同様です。

こうやって一つひとつの項目を見ていくと、恐るべきことに、教育費とその他の消費支出の一部（「仕送り金」という区分）を除くと、1人あたりの支出額は「55歳から59歳まで」と、「65歳から69歳まで」とではほとんど変わっていないのです。

つまり、**老後だからといっても生活レベルは変わらない**ということです。

ここが、老後の生活費を試算する上で一番大きなヒントです。

多くの人はこう思うかもしれません。

「老後は夫婦2人だから、節約しながら生活をすれば……」

残念ながら、この統計の通り、生活レベルが下がることはほとんどありません。ですから、老後の生活費を計算する上では、定年後の生活費は定年前と変わらないことを前提に計算することが必要なのです。

減らない費用と減る費用

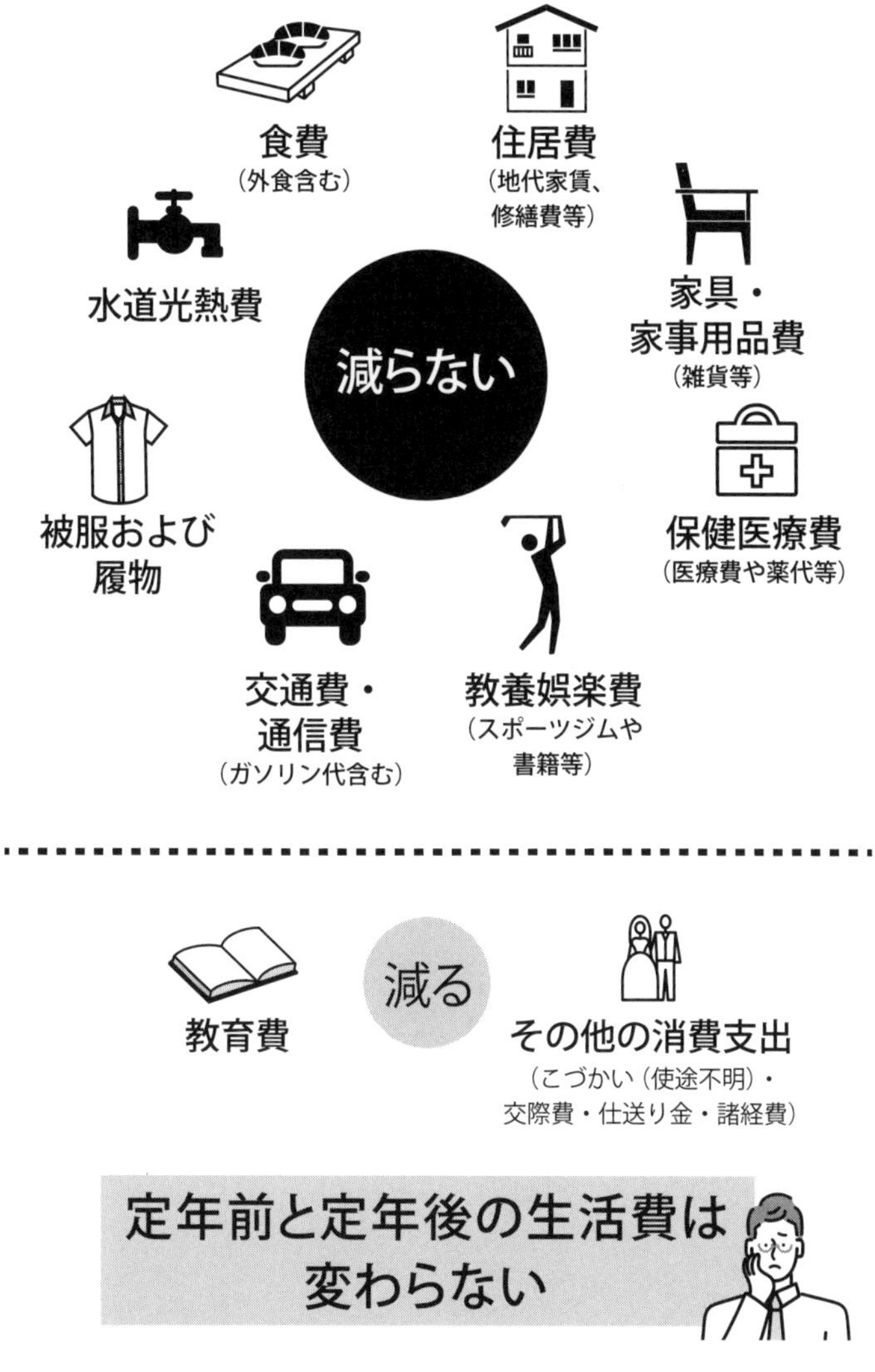
減らない
食費
（外食含む）
住居費
（地代家賃、
修繕費等）
水道光熱費
家具・
家事用品費
（雑貨等）
被服および
履物
保健医療費
（医療費や薬代等）
交通費・
通信費
（ガソリン代含む）
教養娯楽費
（スポーツジムや
書籍等）
減る
教育費
その他の消費支出
（こづかい（使途不明）・
交際費・仕送り金・諸経費）
定年前と定年後の生活費は
変わらない

4

実際に老後にかかるお金の額は？

では、平均余命から老後の生活費を計算することにしましょう。

前項の区分を少しアレンジした４つで見てみます。

「どうして④を分けたの？」「なぜ定年後後期Ⅱの期間は４年間なの？」と疑問に思われたかもしれません。

50歳の男性の余命は32・93年（令和３年簡易生命表より）、つまり平均でも約33年間は命があるということは、83歳までは生きる確率が高いことになります。ということは、現在50歳の男性は、80歳以降の期間が４年間となるわけです。

しかし、これはあくまでも男性の平均余命を基準に考えた場合です。

女性の平均余命は50歳時点で38・61年間で、男性よりも約６年間長いことになります。

平均すると夫婦の年齢差は１・６歳となるので、ご主人の死後、奥さんが一人で生活する期

統計から分かる 老後にかかるお金の目安

60～64歳　[定年つなぎ期間]

生活費
- 1ヵ月…303,485円
- 1年間…約364万円

1年間364万円×5年間＝　**1,820万円**

65～69歳　[定年後前期]

生活費
- 1ヵ月…275,189円
- 1年間…約330万円

1年間330万円×5年間＝　**1,650万円**

70～74歳　[定年後中期]

生活費
- 1ヵ月…244,015円
- 1年間…約293万円

1年間293万円×5年間＝　**1,465万円**

75～79歳　[定年後後期Ⅰ]

生活費
- 1ヵ月…223,075円
- 1年間…約268万円

1年間268万円×5年間＝　**1,340万円**

80～83歳　[定年後後期Ⅱ]

生活費
- 1ヵ月…212,291円
- 1年間…約254万円

1年間254万円×4年間＝　**1,016万円**

合計　7,291万円

間は、平均で8年間となるわけです。

女性1人が65歳以上にかかる生活費が1年間で約137万円。137万円が8年間分で1096万円。

そうすると、奥さんがご主人の死後一人で生活をする費用まで考慮すれば、60歳から必要なお金は約8642万円となります。（1820万円＋1650万円＋1465万円＋1340万円＋1016万円＋1096万円＝8387万円）

65歳からで計算しても、6567万円。約6570万円必要な計算になるのです。

将来のために準備しておきたいお金の額

女性の平均余命は…

50歳時点で38.61年間

男性より約6年間長い

平均すると夫婦の年齢差は1.6歳

ご主人の死後

奥さんが1人で生活する期間は

平均8年間

女性1人が65歳以上にかかる生活費

1年：約137万円

8年間：1,096万円

奥さんの生活費まで考慮すれば…

60歳から計算
約8,387万円

65歳から計算
約6,567万円

必要になると考えられる額

5

将来のお金の計画をしてみよう

ここからは、実際にみなさんの老後の不足金額を計算してみましょう。

まずは収入です。

ステップ① 年金額を確認・計算する

まずは、年金の予想額を夫婦それぞれで計算しましょう。

「ねんきん定期便」や「年金概算早見表」そのままの金額で計算してもいいのですが、「本当に年金はこのままもらえるの？」という不安がある方もいらっしゃるでしょうから、今回は念のため悲観論を採用して、現行の年金額の80％で計算します。

その金額に男性・女性それぞれ65歳からの平均余命年数を掛けて、それぞれの生涯年金収入を確認・計算します。

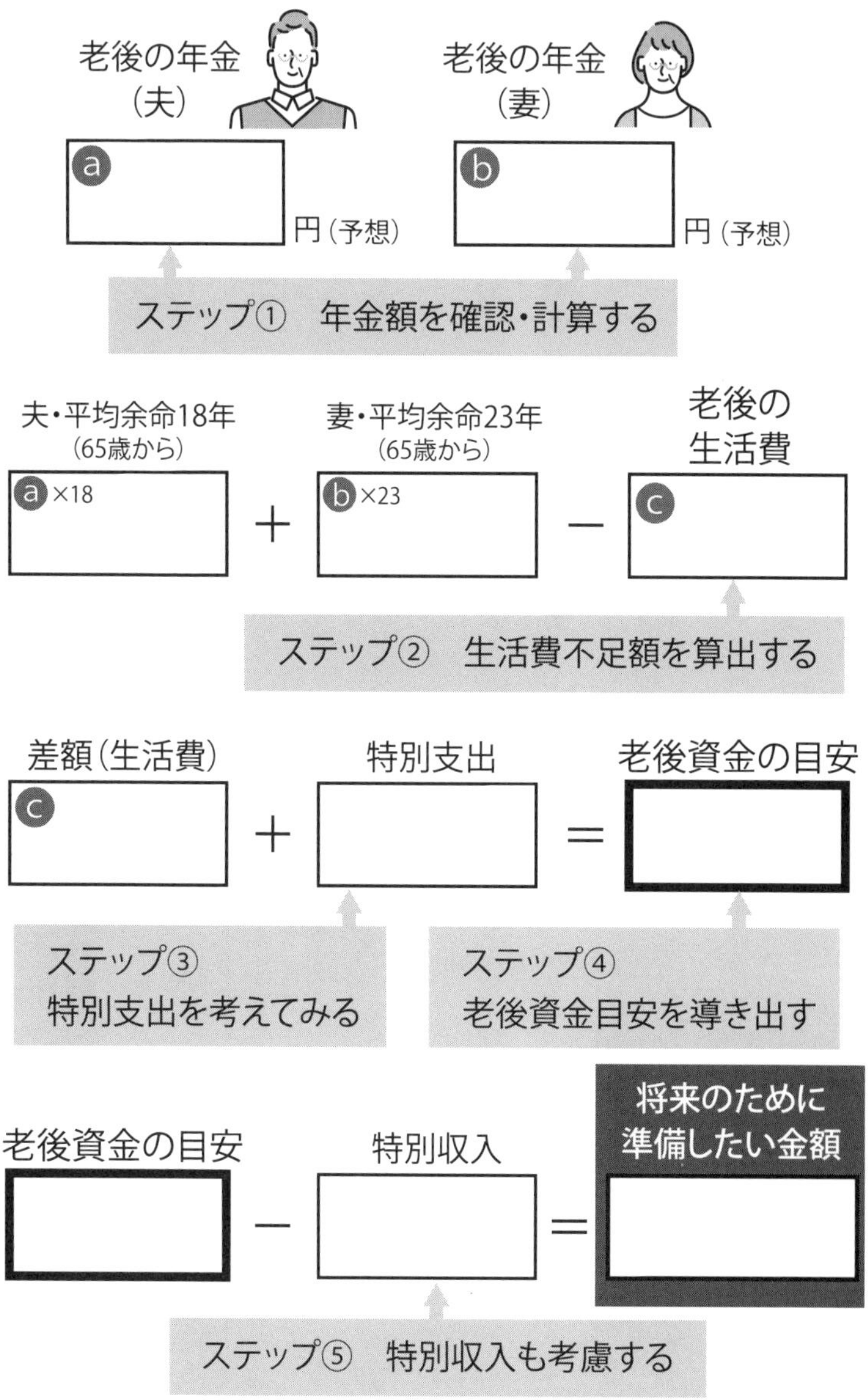
老後の年金（夫）
老後の年金（妻）
a
b
円（予想）
円（予想）
ステップ① 年金額を確認・計算する
夫・平均余命18年（65歳から）
妻・平均余命23年（65歳から）
老後の生活費
a ×18
b ×23
c
＋
－
ステップ② 生活費不足額を算出する
差額（生活費）
特別支出
老後資金の目安
c
＋
＝
ステップ③ 特別支出を考えてみる
ステップ④ 老後資金目安を導き出す
老後資金の目安
特別収入
将来のために準備したい金額
－
＝
ステップ⑤ 特別収入も考慮する

ステップ② 生活費不足額を算出する

夫婦それぞれの生涯年金収入を合算し、そこから老後生活費を計算します。

定年後だからといっても生活費はそれほど変わりません、というお話もしましたが、予測がつきにくい方も多いでしょうから、今回は先ほど計算した8642万円という金額で計算してみることにしましょう。

そうすれば、老後生活費の不足額を導き出すことができます。

しかし、この額が老後までに準備が必要な貯蓄額ではありません。まだ付け加えていない金額があります。

ステップ③ 特別支出を考えてみる

老後に必要な資金は、生活費だけではありません。

それ以外にまとまったお金が必要な場合があります。一番分かりやすいのは「リフォーム費用」や「自動車の買い替え費用」です。中には、定年の段階で「住宅ローン」の繰上げ返済が必要な方もいらっしゃるでしょう。

こうした費用のことを「特別支出」といいます。

特別支出額については、それぞれの生活環境により異なります。賃貸住まいの人もいれば、持ち家の人もいる。持ち家でも、一戸建住宅とマンションでは準備する金額が違います。

自動車についても、現在は夫婦それぞれ所有しているかもしれませんが、老後は夫婦で1台にしよう、というケースも考えられます。また、病気や介護といった不測の事態の準備もしておかなければいけません。

不測の事態については、心配しすぎてもキリはありませんが、医療費や介護費で500万円ぐらいは準備しておくのが目安だと思われます。

ステップ④　老後資金の不足額の目安を導き出す

最後に老後の生活費の不足額と、「特別支出」を合計します。

この部分が3000万円以上になった人も多いのではないでしょうか？

理由は年金を現在の80％で計算していることにあります。

これは悲観的なシミュレーションなのでご容赦ください。しかし、老後は悲観的に考えて準備する。それが一番賢い方法です。

今から準備すれば必ず間に合うのですから……。

ステップ5・特別収入も考慮する

費用面の目安がついたところで、特別収入をそこから差し引きます。

特別収入というのは「退職金」「満期保険金」「個人年金保険の年金受取額」の3つになります。

特別収入を差し引いてマイナスにならないのであれば、資産運用は必要ないのかもしれません。もちろん、それでも資産運用でさらに余裕のある老後をお勧めしますが……。

この5つのステップをこなせば、ここから、老後までに準備しないといけないおおよその金額が算出できるのです。

特別支出とは…

住宅もいずれ
修繕が必要になる

- 住宅ローン
- リフォーム費用
- 自動車の
買替費用 など

交通手段が車しかない
地域に住んでいる場合
は必須の費用

特別収入とは…

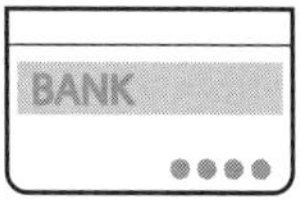

まとまった
お金が入る?

- 退職金
- 満期保険金
- 個人年金保険の
年金 など

忘れていたお宝が
ないか確認してみよう

老後資金の目安		特別収入		将来のために準備したい金額
	−		＝	

特別収入が大きければ
もしかして資産運用は必要ないかも?

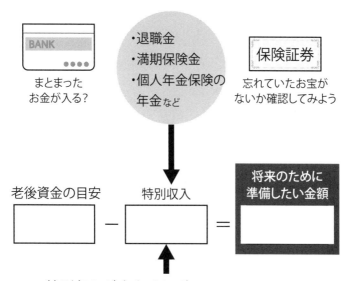

6

運用目標を考える

さて、面倒くさい計算がやっと終わりました。
次に、必要な貯蓄額に対してどう準備していくのか？
具体的には次の２つがポイントになります。

①今あるまとまったお金を運用する
②これから定年までに運用しながら積み立てる

ポイント① 今あるまとまったお金を運用する

先ほどの「特別収入」を計算した時に「今ある貯蓄は考慮しなくても大丈夫？」という疑問を持った方も多いでしょう。

「終価係数表」を使って分かること

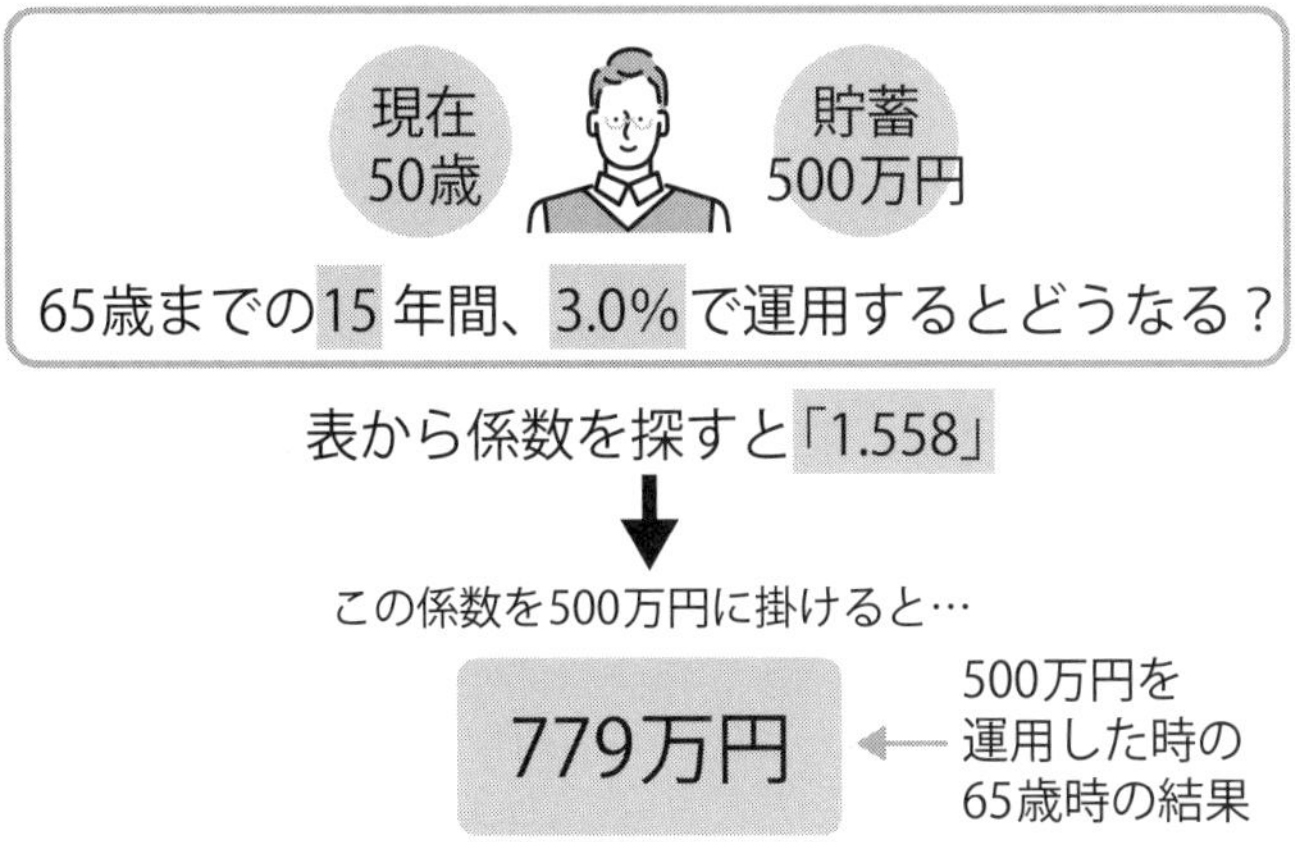
現在
50歳
貯蓄
500万円
65歳までの15年間、3.0%で運用するとどうなる？
表から係数を探すと「1.558」
この係数を500万円に掛けると…
779万円
500万円を
運用した時の
65歳時の結果

もちろん、現段階である程度、老後のための貯蓄がある人もいるでしょう。当然、この貯蓄も重要になります。

少し難しいかもしれませんが、次ページの**「終価係数表」**をご覧ください。

終価係数とは、現時点で貯蓄しているお金を、一定期間、一定の利率で複利運用した場合に、将来に受け取ることができる金額を求める時に使用する係数のことをいいます。

例えば「現在50歳。老後のための貯蓄は500万円」とします。

65歳までの15年間、この500万円を利率3・0％で運用するとします。この場合、表から係数を探すと「1・558」。この係数を500万円に掛けると779万円。この金額

5.0%	6.0%	7.0%	8.0%	9.0%	10.0%
1.050	1.060	1.070	1.080	1.090	1.100
1.103	1.124	1.145	1.166	1.188	1.210
1.158	1.191	1.225	1.260	1.295	1.331
1.216	1.262	1.311	1.360	1.412	1.464
1.276	1.338	1.403	1.469	1.539	1.611
1.340	1.419	1.501	1.587	1.677	1.772
1.407	1.504	1.606	1.714	1.828	1.949
1.477	1.594	1.718	1.851	1.993	2.144
1.551	1.689	1.838	1.999	2.172	2.358
1.629	1.791	1.967	2.159	2.367	2.594
1.710	1.898	2.105	2.332	2.580	2.853
1.796	2.012	2.252	2.518	2.813	3.138
1.886	2.133	2.410	2.720	3.066	3.452
1.980	2.261	2.579	2.937	3.342	3.797
2.079	2.397	2.759	3.172	3.642	4.177
2.183	2.540	2.952	3.426	3.970	4.595
2.292	2.693	3.159	3.700	4.328	5.054
2.407	2.854	3.380	3.996	4.717	5.560
2.527	3.026	3.617	4.316	5.142	6.116
2.653	3.207	3.870	4.661	5.604	6.727

終価係数表

年／利率	1.0%	2.0%	3.0%	4.0%
1	1.010	1.020	1.030	1.040
2	1.020	1.040	1.061	1.082
3	1.030	1.061	1.093	1.125
4	1.041	1.082	1.126	1.170
5	1.051	1.104	1.159	1.217
6	1.062	1.126	1.194	1.265
7	1.072	1.149	1.230	1.316
8	1.083	1.172	1.267	1.369
9	1.094	1.195	1.305	1.423
10	1.105	1.219	1.344	1.48
11	1.116	1.243	1.384	1.539
12	1.127	1.268	1.426	1.601
13	1.138	1.294	1.469	1.665
14	1.149	1.319	1.513	1.732
15	1.161	1.346	1.558	1.801
16	1.173	1.373	1.605	1.873
17	1.184	1.400	1.653	1.948
18	1.196	1.428	1.702	2.026
19	1.208	1.457	1.754	2.107
20	1.220	1.486	1.806	2.191

が、500万円を利率3％で15年間運用し続けた結果となります。もちろん、4％や5％で運用できればもっと大きな金額になります。

しかし、ここまでお読みいただければ分かるかと思いますが、運用にはリスクを伴います。ですから、計算する場合には、2章で紹介したGPIFの運用成果である約3％を指標（ベンチマーク）として考えるのがいいのではないかと思います。

ポイント② これから定年までに運用しながら積み立てる

ポイント①で今ある老後のための貯蓄額を運用した場合のシミュレーションが終わりました。そうすると、当然その金額は必要金額から差し引くことができます。

その上でまだ不足がある場合は、これから老後までに積み立てていく必要があります。

そこで登場するのが**「年金終価係数」**です。

年金終価係数とは、毎年の積み立て額から将来の元利合計を計算するのに使う係数をいいます。128・129ページに表を掲載しました。

この表の使い方は、まず金利と年数を選びます。

例えば、現在50歳で、あと15年で1000万円増やしたいと思ったとします。15年

「年金終価係数」を使って分かること

現在 50歳

10,00万円 増やしたい

15年間３％で運用した場合どうなる？

表から係数を探すと「18.599」

↓

1,000万円を18.599で割ると53万8,000円

年約53万8,000万円・毎月約４万5,000円 積み立てればいい

間、金利3%で運用するとすれば、係数は「18・599」。1000万円をこの係数で割れば、これから毎年いくら積み立てなければいけないかが分かります。

残り1000万円を準備しないといけないとすれば、1000万円を18・599で割ることになるので、約53万8000万円（月に約4万5000円）となります。

つまり、毎年53万8000円を15年間積み立てればいいということです。

「老後に必要」と言われていた2000万円より、現実的な数字になってきましたね。

この場合も先ほどと同様、運用利回りは3%程度で考えるのがいいでしょう。

5.0%	6.0%	7.0%	8.0%	9.0%	10.0%
1.000	1.000	1.000	1.000	1.000	1.000
2.050	2.060	2.070	2.080	2.090	2.100
3.153	3.184	3.215	3.246	3.278	3.310
4.310	4.375	4.440	4.506	4.573	4.641
5.526	5.637	5.751	5.867	5.985	6.105
6.802	6.975	7.153	7.336	7.523	7.716
8.142	8.394	8.654	8.923	9.200	9.487
9.549	9.897	10.260	10.637	11.028	11.436
11.027	11.491	11.978	12.488	13.021	13.579
12.578	13.181	13.816	14.487	15.193	15.937
14.207	14.972	15.784	16.645	17.560	18.531
15.917	16.870	17.888	18.977	20.141	21.384
17.713	18.882	20.141	21.495	22.953	24.523
19.599	21.015	22 .550	24.215	26.019	27.975
21.579	23.276	25.129	27.152	29.361	31.772
23.657	25.673	27.888	30.324	33.003	35.950
25.840	28.213	30.840	33.750	36.974	40.545
28.132	30.906	33.999	37.450	41.301	45.599
30.539	33.760	37.379	41.446	46.018	51.159
33.066	36.786	40.995	45.762	51.160	57.275

年金終価係数

年／金利	1.0%	2.0%	3.0%	4.0%
1	1.000	1.000	1.000	1.000
2	2.010	2.020	2.030	2.040
3	3.030	3.060	3.091	3.122
4	4.060	4.122	4.184	4.246
5	5.101	5.204	5.309	5.416
6	6.152	6.308	6.468	6.633
7	7.214	7.434	7.662	7.898
8	8.286	8.583	8.892	9.214
9	9.369	9.755	10.159	10.583
10	10.462	10.950	11.464	12.006
11	11.567	12.169	12.808	13.486
12	12.683	13.412	14.192	15.026
13	13.809	14.680	15.618	16.627
14	14.947	15.974	17.086	18.292
15	16.097	17.293	18.599	20.024
16	17.258	18.639	20.157	21.825
17	18.430	20.012	21.762	23.698
18	19.615	21.412	23.414	25.645
19	20.811	22.841	25.117	27.671
20	22.019	24.297	26.870	29.778

積み立て可能な金額なのか？

ここまで計算すれば、毎年いくら資産運用をしなければいけないのかが分かったと思います。

「今から2000万円増やせ」などと言われると「そんなの絶対無理！」と思ってしまいますが、このくらいの金額になれば、現実的に考えられるのではないでしょうか。

多くの方の目標は、「お金の心配をせず、安心して老後を迎えたい」だと思います。なにもギャンブルまがいの投資に挑戦しなくても、**地に足のついた運用で、目標は達成できます**。

中には「毎年こんなに積み立てできない」と落胆された人もいるでしょう。子どもが大学生で一番お金がかかる時期だという人も多いでしょう。そんな場合は焦らずに、「子育てが終わればいくら積み立てることができるのか？」と考えればいいのです。

それでも難しいとなれば、車の買い替えやリフォームなどの支出の見直しや、65歳以降も働くなどの対策が必要になります。

具体的な目標が見つかれば、具体的な行動をするだけです。焦る必要はまったくありません。

4章
50代からの資産運用戦略

1

制度と商品の違いをはっきりさせる

最近では、どこの銀行に行っても「NISA《ニーサ》を始めませんか」「iDeCo《イデコ》相談窓口」というようなポスターやポップが見られるようになりました。こうも宣伝されると「何かしないと損なんじゃないか?」と思えてきます。

私がお受けする相談でもNISAやiDeCoについてのご質問が多いところを見ると、「言葉は知っているけど、何なのかよく分からない」というところでしょうか。

ですのでこの章では、資産運用の基本的な知識から具体的な運用方法についてお話ししていきましょう。

誤解している人も多いので、まず初めに、ここから整理していこうと思います。

それは**NISAやiDeCoは「制度」であって商品ではない**ということです。

NISAは、国が資産運用の機会を多くの人に提供するという目的で、2014年1月

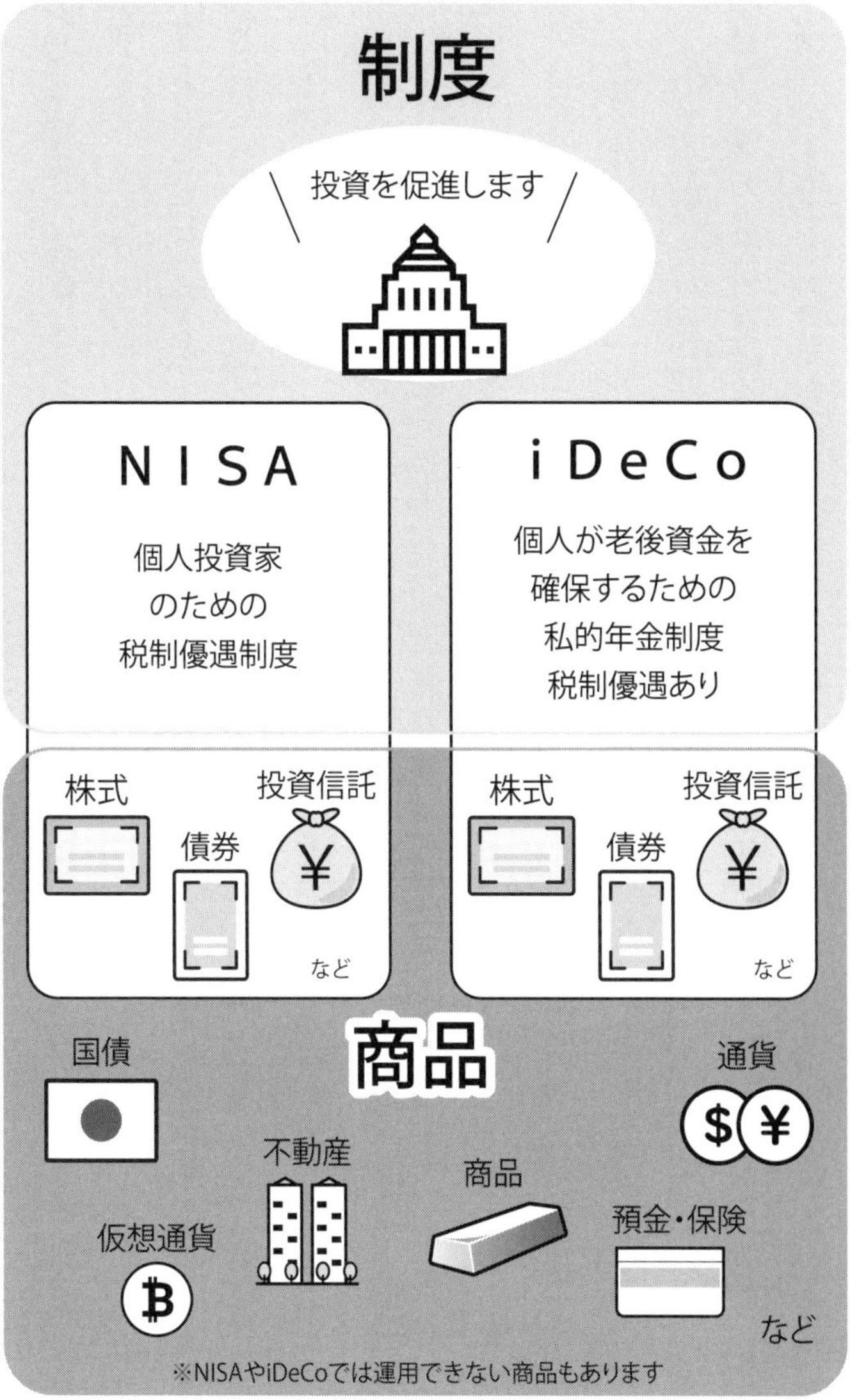
制度
投資を促進します
NISA
個人投資家
のための
税制優遇制度
iDeCo
個人が老後資金を
確保するための
私的年金制度
税制優遇あり
株式
債券
投資信託
など
株式
債券
投資信託
など
商品
国債
通貨
不動産
商品
預金・保険
仮想通貨
など
※NISAやiDeCoでは運用できない商品もあります

に導入された、**個人投資家のための税制優遇制度**です。正式には「少額投資非課税制度」という名前で、「Nippon, Individual Savings Account」の頭文字を取って、NISAという愛称がつけられました。

iDeCoは、個人が老後資金の確保を促進するための確定拠出年金法に基づいて実施されている**私的年金の制度**です。正式には「個人型確定拠出年金（Individual-type Defined Contribution pension plan）」で、こちらも頭文字をとってiDeCoと愛称がつけられました。

それぞれについてはこれから詳しくお話ししていきますが、まずは「NISA」や「iDeCo」という名前の商品があるわけではなく、そういう制度なのだということを理解してください。つまり「この制度を使って、どうやって運用していくか？」ということになるのです。

どちらの制度も、国が投資を促進するために創設されたものですが、だからといって「安心だ」とか「どこの金曜機関で入っても同じだ」ということではありません。

メリットもあるのですが、もちろんデメリットもあります。これらを理解し上手く利用できないかというところから、運用の具体的な方法について見ていくことにしましょう。

資産運用をすると…

↓

株式の分配金

株式の売却益

運用による利益

を受け取れる

投資信託の解約益

債券の償還差益

↓

ただし利益が出ると…

通常であれば
利益の20%を税金として
払わなければいけない

↓

税制優遇制度を利用すれば

iDeCo	NISA	確定拠出年金

税金を払わなくてもいい!

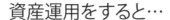

2

儲かっても税金を払わなくていいＮＩＳＡ

制度を説明していく前に、知っておいてもらいたいことがあります。

それは、「資産運用で増えたお金には税金がかかる」という大原則です。「利子所得」「配当所得」「譲渡所得」「一時所得」など、資産運用で増えたお金（所得）には名前がついていて、それぞれのルールで税金がかかります。

例えば、国内株式投資信託の場合だと左上の図のような感じで、増えた金額の約20％（復興特別所得税を含めると20・315％）を税金として支払うことになるのです。何か悲しいですね。

しかし、ＮＩＳＡ《ニーサ》というのは、ある一定の条件で、この**増えたお金にかかる税金を払わなくてもいいという制度**なのです。

ＮＩＳＡ制度は国策として始まり、利用者はどんどん増えています。しかも２０２４年からは、今までよりもっと使いやすくなります。

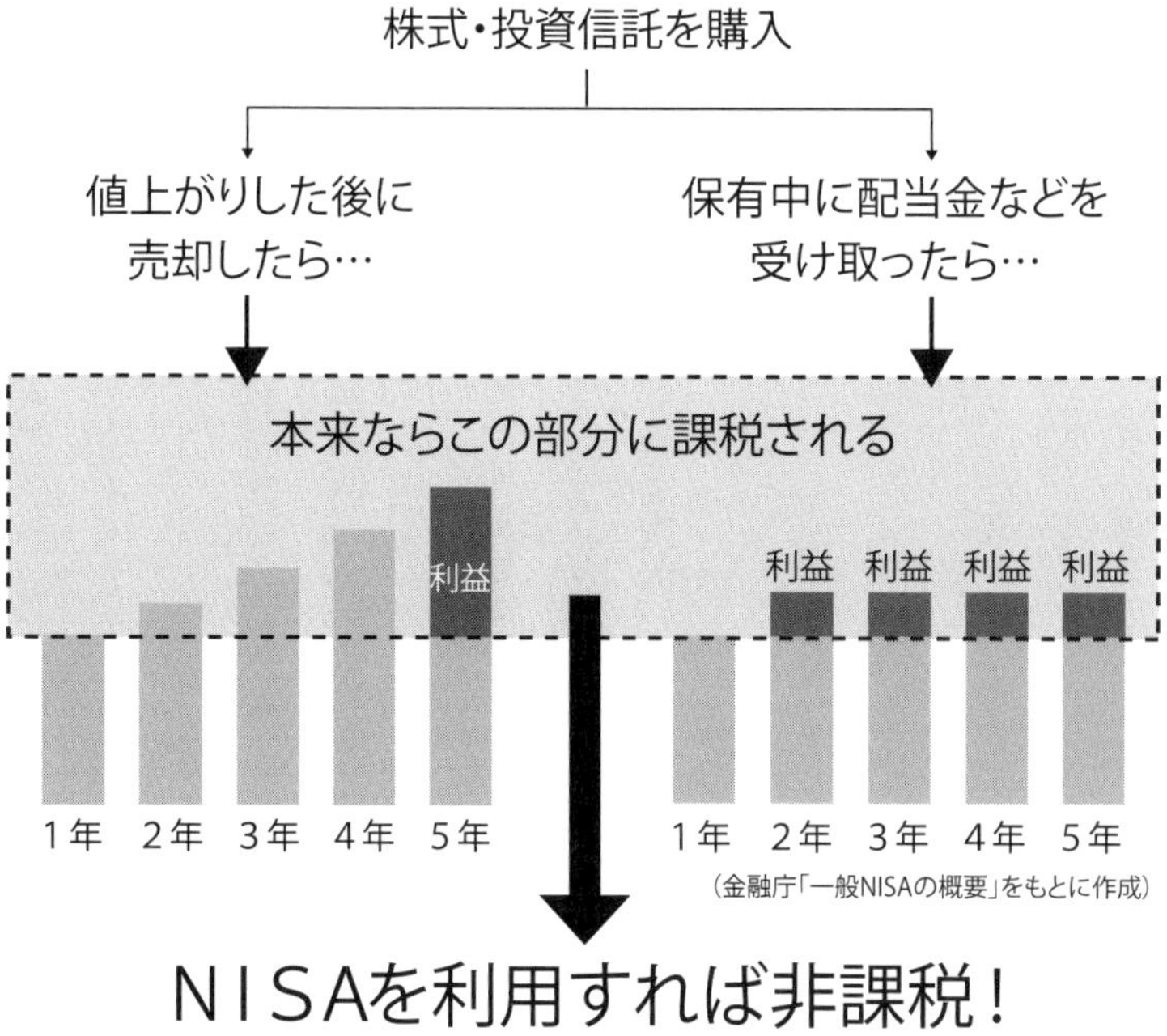

（金融庁「一般NISAの概要」をもとに作成）

NISA 口座数と買付額の推移

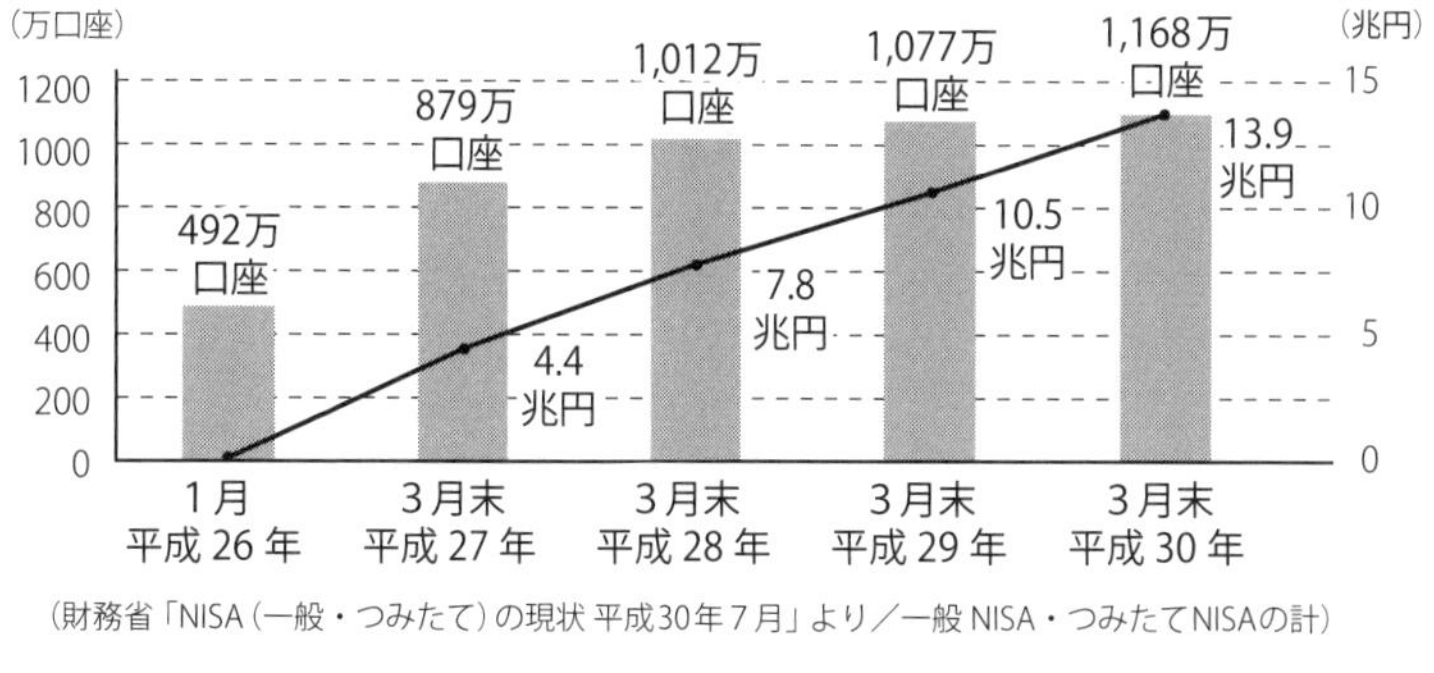

（財務省「NISA（一般・つみたて）の現状 平成30年7月」より／一般NISA・つみたてNISAの計）

参考までに、左の比較表をご覧ください。

今までNISAを利用していない方にとってはいまいちピンと来ないかもしれません。とにかく大幅な変更です。

2023年までの制度は、「一般NISA」と「つみたてNISA」のどちらかを選択しなければならないことに加え、非課税保有期間もそれぞれ5年・20年とあり、さらにロールオーバーという制度があって……と、とにかく複雑でした。

この複雑さが利用の促進を妨げているという意見も多かったため、新しいNISA制度では、そのあたりをシンプルにすることで使い勝手のいい制度となります（2023年2月現在）。

ですから、新NISAを中心に、ポイントを絞って説明をしていきます。

NISAの変更点

	従来のNISA		新しいNISA（2024年～）
制度の名称	つみたてNISA 一般NISA	→	つみたて投資枠 成長投資枠 New!
制度の併用	不可	→	OK
年間非課税枠	つみたて 40万円 一般 120万円	→	つみたて 120万円 成長投資 240万円
総額非課税枠	つみたて 800万円 一般 600万円	→	1,800万円 成長投資 上記のうち1,200万円
口座開設期間	つみたて ～2042年 一般 ～2028年	→	恒久化
最大非課税期間	つみたて 20年間 一般 5年間	→	無期限

※2024年からの新しいNISAの開始に伴い、現行の制度は、2023年までとなる見込み
（金融庁「新しいNISA」https://www.fsa.go.jp/policy/nisa2/about/nisa2024/index.html を参考に作成）

3

新NISAはメリットだらけ

新しいNISA制度のポイントは、次の5点にまとめられます。

読者にとってはメリットしかない、良いことずくめの変更が加えられました。ひとつずつ見ていきましょう。

ポイント①「つみたて投資枠」と「成長投資枠」の併用ができる

新NISA制度では、現行のつみたてNISAにあたる「つみたて投資枠」と、現行の一般NISAにあたる「成長投資枠」が創設されます。

2つの違いは、購入することができる商品です。

「つみたて投資枠」は、これまでの「つみたてNISA」で投資対象となっていた商品（長期の積み立て・分散投資に適した、手数料がかからない一定の投資信託）が購入できる枠で、「成長投資枠」は、投資信託・上場株式のほとんどが購入できる枠です（一部除外あり）。

新ＮＩＳＡのメリット

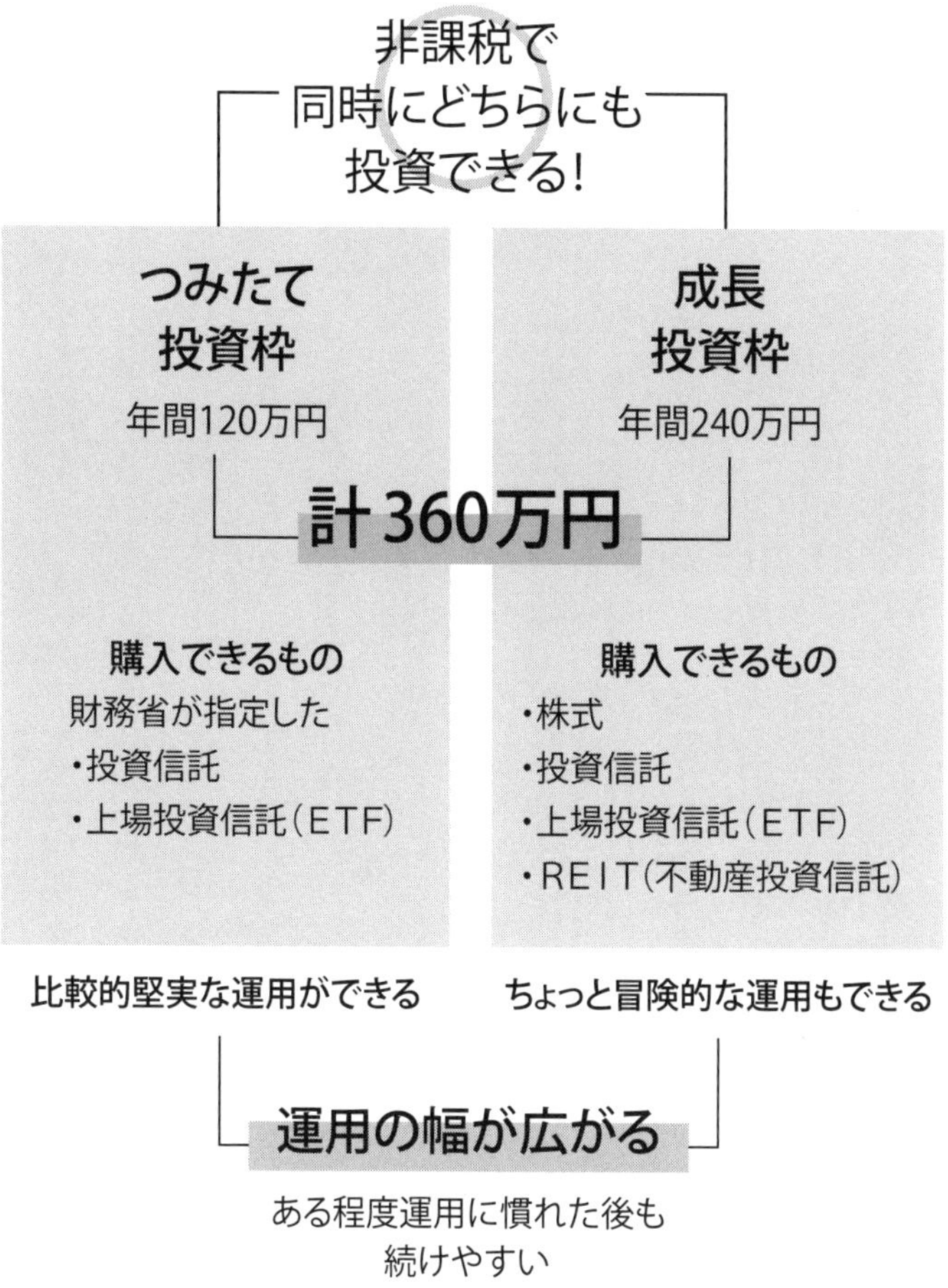
非課税で
同時にどちらにも
投資できる！
つみたて
投資枠
年間120万円
成長
投資枠
年間240万円
計360万円
購入できるもの
財務省が指定した
・投資信託
・上場投資信託（ETF）
購入できるもの
・株式
・投資信託
・上場投資信託（ETF）
・REIT（不動産投資信託）
比較的堅実な運用ができる
ちょっと冒険的な運用もできる
運用の幅が広がる
ある程度運用に慣れた後も
続けやすい

つまり、**NISA口座を利用した資産運用の方法の幅が広がった**ことになります。

従来の制度では、資産運用を始めたばかりの人の多くは「つみたてNISA」を利用して、購入手数料のない投資信託で積み立てをしていました。そんな人が、その後資産運用に少し慣れてきて、「投資信託以外への投資や、手元にあるまとまった資金も資産運用してみたい」と思っても、「一般NISA」へ変更するのが手間で、なかなかできませんでした。

新制度ではそれが簡単にできるようになります。

ポイント② 年間投資上限額が大幅に増える

現行のNISA制度での年間投資上限額は、一般NISAは120万円、つみたてNISAは40万円でした。

新NISA制度では、「成長投資」枠が2倍の年間240万円。「つみたて投資」枠が3倍の年間120万円。つまり合計で360万円まで大幅に拡充されました。

これにより、例えば、「毎月5万円ずつつみたて投資をしながら、200万円のまとまった余裕資金も運用に回す」ということが、ひとつのNISA口座で1年の間でできるということになります。

新NISAの概要（2024年～）

	つみたて投資枠	併用OK	成長投資枠
対象年齢	18歳以上		
総額非課税枠	1,800万円		うち1,200万円
年間非課税枠	120万円		240万円
非課税保有期間	無期限		
投資対象	財務省が指定した長期運用・分散投資に適した投資信託・上場投資信託（ETF等）		株式・投資信託・上場投資信託（ETF等）など 毎月分配型のもの等一部除外あり
運用方法	積み立て		スポット（好きな時に購入）積み立て
売却枠の再利用	可能		

（金融庁「新しいNISA」https://www.fsa.go.jp/policy/nisa2/about/nisa2024/index.html を参考に作成）

ポイント③ 1800万円の生涯投資枠が設けられる

新NISA制度では、新たに生涯非課税限度額が、購入金額ベースで合計1800万円（成長投資枠は1200万円まで）に設定されました。つまり、1800万円までは運用した結果の利益に対して税金がかからないということです。

現行のNISA制度には生涯限度額といった考え方はなく、一般NISAが120万円×5年間＝600万円、つみたてNISAが40万円×20年間＝800万円が上限でした。ですから大幅な拡充です。

生涯で利用できる限度額は購入時の金額で管理します。

メリットは、NISA内で購入した商品を売却した場合、売却分の「簿価（資産の評価額）」分の枠が復活して、再利用することができることです。

例えば5年間で360万円ずつ株式を購入した場合、5年目の保有株式は1800万円分になります。5年目にNISAで運用していた資産をすべて売却した場合、非課税枠の復活によって6年目の使用可能残高は1800万円となり、6年目以降も毎年360万円の投資を継続できるのです。

これまでの制度は、仮に途中で売却したとしても限度額が増えることはなかった点など

「生涯投資枠」と非課税枠の復活

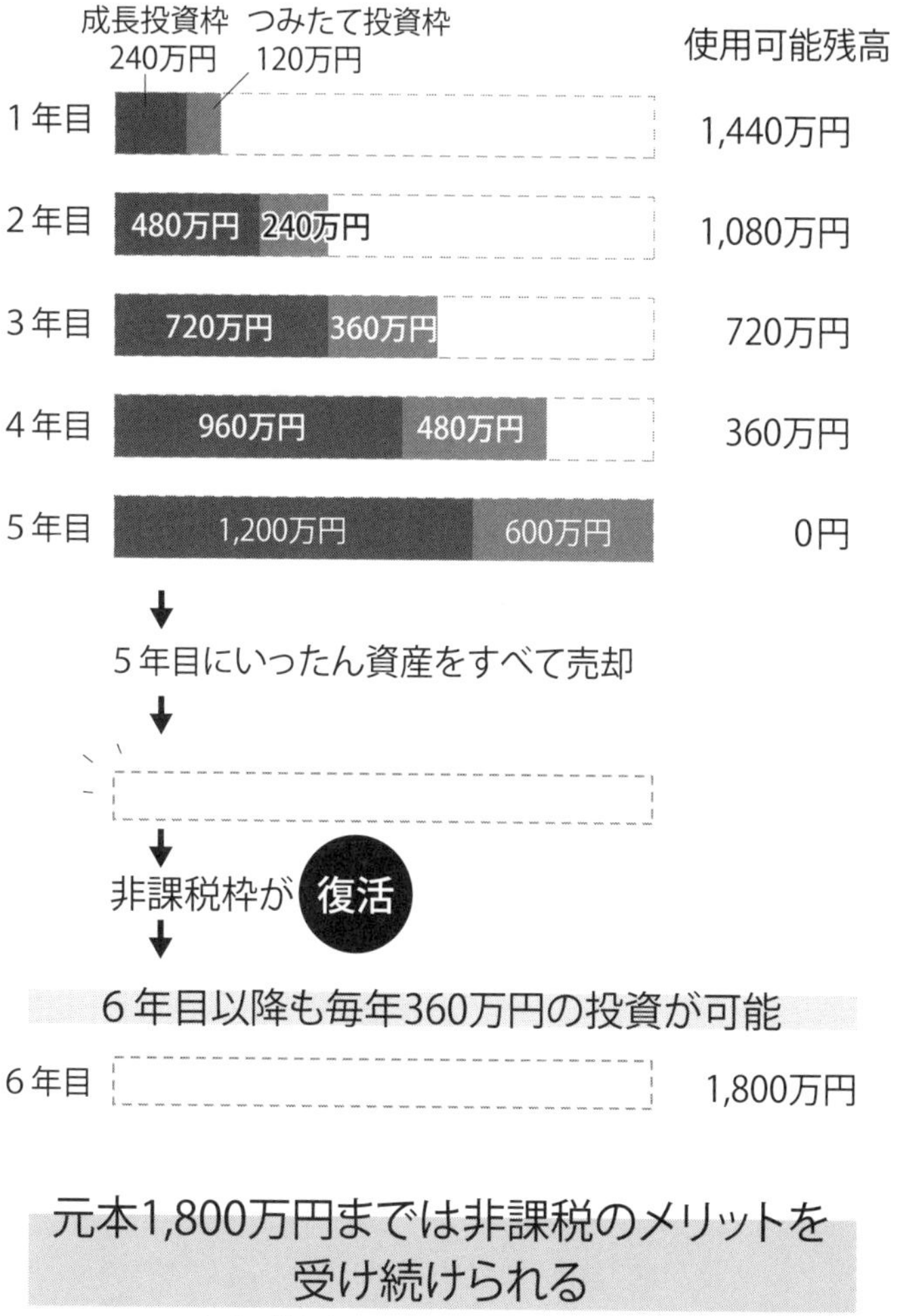

（マネーボイス https://www.mag2.com/p/money/1266302/2を参考に作成）

を踏まえると、新ＮＩＳＡ制度の方が魅力的と言えます。

なお、新ＮＩＳＡ制度での生涯非課税限度額は、これまでの制度とは別枠とみなされます。現行のＮＩＳＡ制度を利用している方も２０２４年から、ゼロからスタートできるので、現行制度を利用しているからといって不利になるようなことはありません。むしろ合計の限度額は現行制度を利用している方の方が多くなります。

例えば、これまでに一般ＮＩＳＡを3年間、上限の１２０万円まで利用してきた場合、ＮＩＳＡ口座の残高は３６０万円となります。これに加えて２０２４年以降は新ＮＩＳＡとして別枠の１８００万円も利用できるので、合計で２１６０万円の非課税枠を持つことができます（もちろん現行のつみたてＮＩＳＡも同じ考え方です）。

ただし、これまでのＮＩＳＡ（前出の例の場合３６０万円分）は、5年の非課税保有期間終了とともに非課税ではなくなるのでお気をつけください。

ポイント④ 恒久的な制度になった

今までの「一般ＮＩＳＡ」は２０２３年末まで、「つみたてＮＩＳＡ」は２０４２年末までの制度となる見込みです。「新NISA」では期間制限がなくなり、恒久的な制度となります。あと何年で終わるということがなく、いつでも自由にNISA口座での運用が始められます。

ポイント⑤ 非課税保有期間が無制限になる

さらに、現行の「一般NISA」は5年間、「つみたてNISA」は20年間と、非課税保有期間が限られていました。つまり一般NISAの場合だと、5年後には売却するか、課税される口座に移動するか、もう一度非課税口座にスライドさせて期間延長する（ロールオーバー）か、3つのうちのどれかを選択しなければいけませんでした。

しかし、新NISA制度では、**非課税保有が成長投資枠・つみたて投資枠ともに無期限になります**。ですから、これまでの煩わしさが全くなくなったのです。

1800万円（成長投資枠1200万円）までであれば、恒久的に非課税枠を持つことができるということです。非常に使い勝手の良い制度になったと言えます。

4

NISAのデメリット

それでは、NISAにはデメリットはないのでしょうか?

じつはそうでもありません。ひとつだけ重要なデメリットがあります。

それは**「損益通算」ができない**ということです。

「損益通算」とは、毎年1月1日から12月末日の間に投資信託や株式等の売買を行った際に発生した損益を通算(プラス面とマイナス面を合わせて計算)するというルールのことです。

例えば、A投資信託を売買して5万円の譲渡益が出たとします。一方で、B投資信託では売買の結果3万円の損失が出たとします。この場合、譲渡益5万円から譲渡損失3万円を差し引いた利益2万円分のみが課税対象となります。

合算した通算額が0円以下なら、課税されません。また譲渡益や配当金、普通分配金などの利益と譲渡損失を合算した結果、損失の方が大きくなってしまった場合は、確定申告

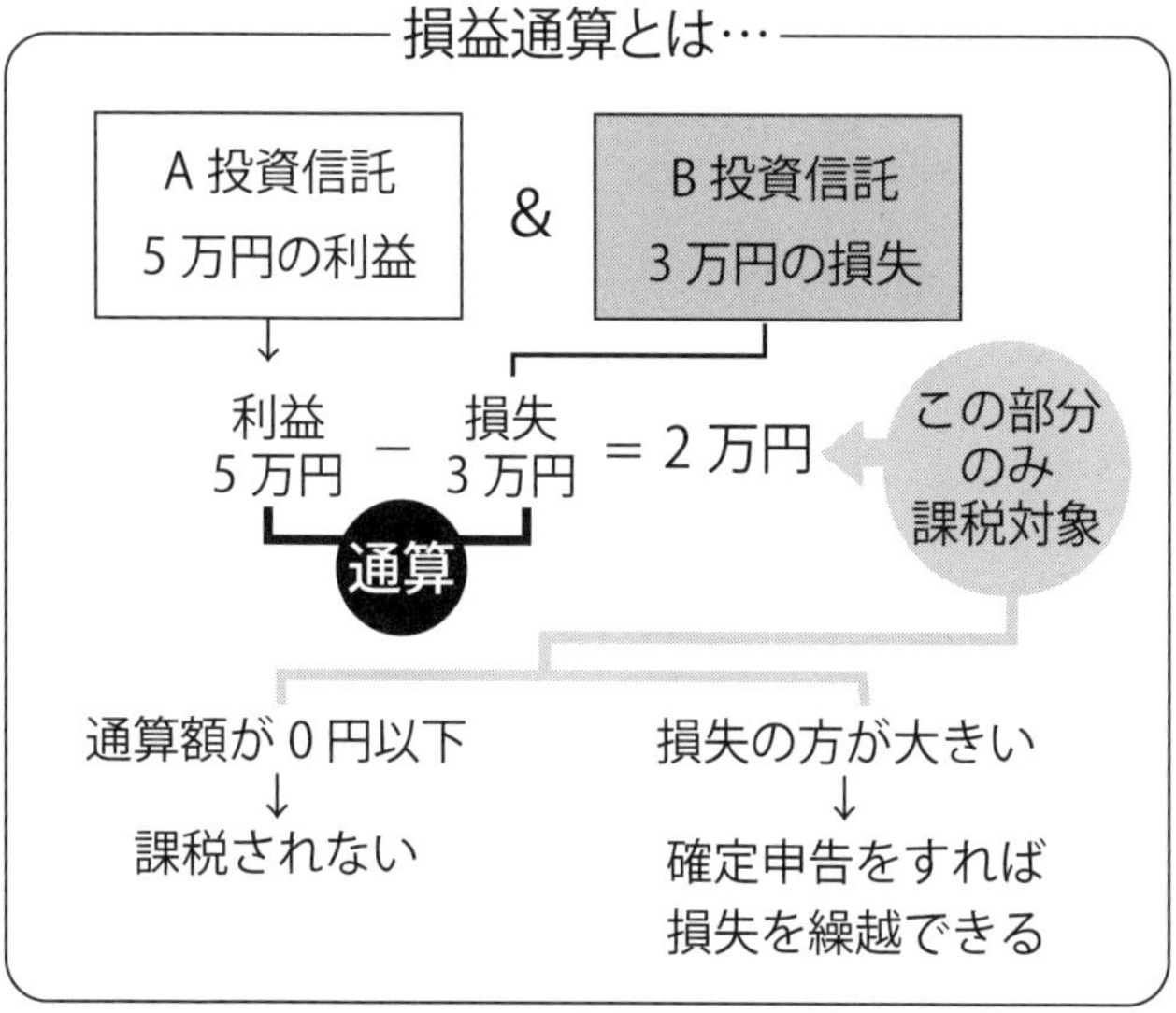

ＮＩＳＡ口座では損益通算ができない

を行うことで、その譲渡損失を3年間繰越することも可能です。

このルールがＮＩＳＡでは使えないということです。

他の課税口座との間はもちろん、ＮＩＳＡ口座内でも損益通算はできません。

儲かればＮＩＳＡという非課税口座のメリットを受けることができますが、運用ではそうでもないことも多いですから、場合によってはＮＩＳＡを利用することがデメリットになることもあるのです。

5

NISAをこれから始める人はどうすればいい？

「これからNISAを始める場合は、新制度になる2024年まで待った方がいいのでしょうか？」

こんな質問をよく受けます。

146ページで解説した通り、これまでの制度と新NISAは分離した制度となります。ですから、2023年から「一般NISA」を始めると、2028年に5年間の非課税保有期間が終わり、資金は課税口座に強制的に移動させられることになります。

その場合、移動時の運用状況によってはNISAのメリットを受けることができないことも想定されます。（156ページ・非課税保有期間終了時に保有資産が値下がりしていた場合を参照）

しかし、分離した制度になったことで、非課税の限度額は別々に計算されます。このメリットを利用しない手はありません。

現行のNISAの概要

	つみたてNISA	どちらかのみ	一般NISA
対象年齢	18歳以上		
年間非課税枠	40万円		12万円
総額非課税枠	80万円		60万円
非課税期間	2042年まで		2028年まで
投資対象	長期の積み立て・分散投資に適した一定の投資信託 金融庁の基準を満たしたものに限定		国内・外国株式 投資信託 上場投資信託 (ETF・ETN) 国内・海外REIT 一部社債
運用方法	積み立て		スポット(好きな時に購入) 積み立て
売却枠の再利用	不可		
投資可能期間	20年		5年

(金融庁「新しいNISA」https://www.fsa.go.jp/policy/nisa2/about/nisa2024/index.html を参考に作成)

そこでオススメなのが、**「つみたてNISA」を始めておく**という方法です。

現在の「つみたてNISA」では、年間40万円・20年間の非課税枠があり、2042年まで続けられるので、2023年につみたてNISA口座で上限40万円まで購入した投資信託は、2042年まで新制度とは別に、非課税で運用できます。

ですから、新制度を待つことなく始めるべきでしょう。

ただ、新しく始めるのであれば、注意もあります。

それは「どの金融機関で口座を開設するか」という点です。

144ページでもお話しした通り、新制度では年間投資額の上限も大幅に増え、生涯非課税枠も1800万円と大きくなります。これによって、将来的にいろいろなパターンでの運用ができる可能性が広がりました。

ですから、選択肢を広げておくためにも、いろいろなバリエーションの商品を購入することができる金融機関で口座を開いておくことをオススメします。

これまでは、「つみたてNISA」と「一般NISA」が分かれていたため、「つみたてNISA」の対象商品しか扱わないという金融機関も多くあります。もちろん、「つみたて

NISA」でいったん口座を開設し、新制度になってからまた新しく口座を開設し直すことも可能ですが、手間がかかります。それであれば、最初から商品バリエーションの多い金融機関で口座を開設しましょう。

その点では、投資信託以外に上場株式やETF（上場されている投資信託）などの取り扱いもある**証券会社での口座開設がオススメ**です。

6

すでにＮＩＳＡを利用している人はどうすればいい？

では、すでにＮＩＳＡ制度を利用している人は、どうすればいいのでしょうか？

新ＮＩＳＡ制度は２０２４年からスタートするため、現行の一般ＮＩＳＡ・つみたてＮＩＳＡの口座で商品の購入やロールオーバー（非課税枠で運用していた資産を、非課税保有期間終了後にもう一度非課税口座にスライドさせて期間延長すること）ができるのは２０２３年までとなります。

現行のふたつのＮＩＳＡと新ＮＩＳＡは分離した制度と決められ、２０２３年までに投資した分は、新制度の生涯非課税限度額（１８００万円）とは別枠になりました。

つまり、それぞれの非課税保有期間が終了するまで（一般ＮＩＳＡは5年、つみたてＮＩＳＡは20年）、そのまま非課税で運用を続けていくことができるのです（途中で売却することも可能）。

せっかくの非課税枠なのですから、**両方とも活用することを考えましょう**。

そうなると、問題なのは、非課税保有期間が終わった時にどうするかということです。

現行制度と新制度が別物ということは、これまでＮＩＳＡ口座で購入してきた商品を新ＮＩＳＡ口座にロールオーバーすることはできないということです。

つみたてＮＩＳＡにはもともとロールオーバーの仕組みはありませんが、一般ＮＩＳＡについては、２０２４年以降、非課税保有期間である5年が終了するものから順次、税金のかかる口座に移さないといけません。

非課税保有期間の終了時点で保有資産が値上がりしていた場合は、大きな問題はありません。

例えば、ＮＩＳＡ口座で１２０万円で購入した株式が、5年後に１５０万円に値上がりしていたとします。この状況で資産を課税口座へ移す場合、「購入時の価格」は１５０万円となります。その後は次のようになります。

① １５０万円から１７０万円に値上がりした後に売却→利益の20万円に課税される

② １５０万円から１１０万円に値下がりした後に売却→利益がないので税金はかからない

注意が必要なのは、非課税保有期間終了時に保有資産が値下がりしていた場合です。例えば、ＮＩＳＡ口座で１２０万円で購入した株式が、５年後の非課税保有期間終了時に１００万円に値下がりしていたとします。この状況で資産を課税口座へ移す場合、購入価格は１００万円となります。

その後は次のようになります。

③　１００万円から１３０万円に値上がりした後に売却→利益の30万円に課税される
④　１００万円から80万円に値下がりした後に売却→利益がないので税金はかからない

①～④のうち、一番気を付けなければならないのは③です。１２０万円で購入して、一時は１００万円に値下がりしたものの、１３０万円の時に売却したということは、差し引きの利益は10万円。ところが③の場合は、利益が30万円とされてしまうのです。

納得できないと思いますが、制度が改正されることが決まった以上、避けられないリスクです。今後こういうケースもあることを頭に入れておいてください。

非課税期間が終了したときの
４つのパターンとそれぞれの対応

非課税期間が終了したときに資産が値上がりした場合

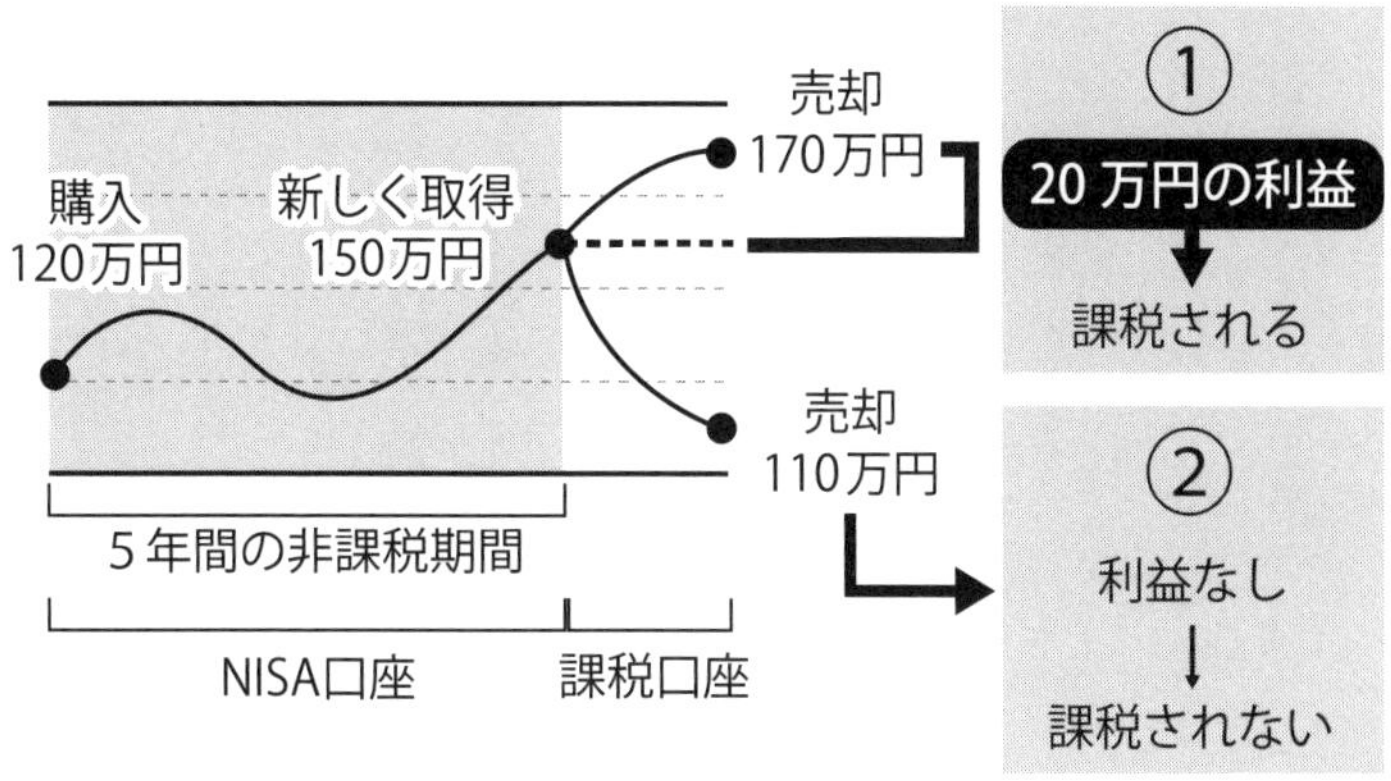

非課税期間が終了したときに資産が値下がりした場合

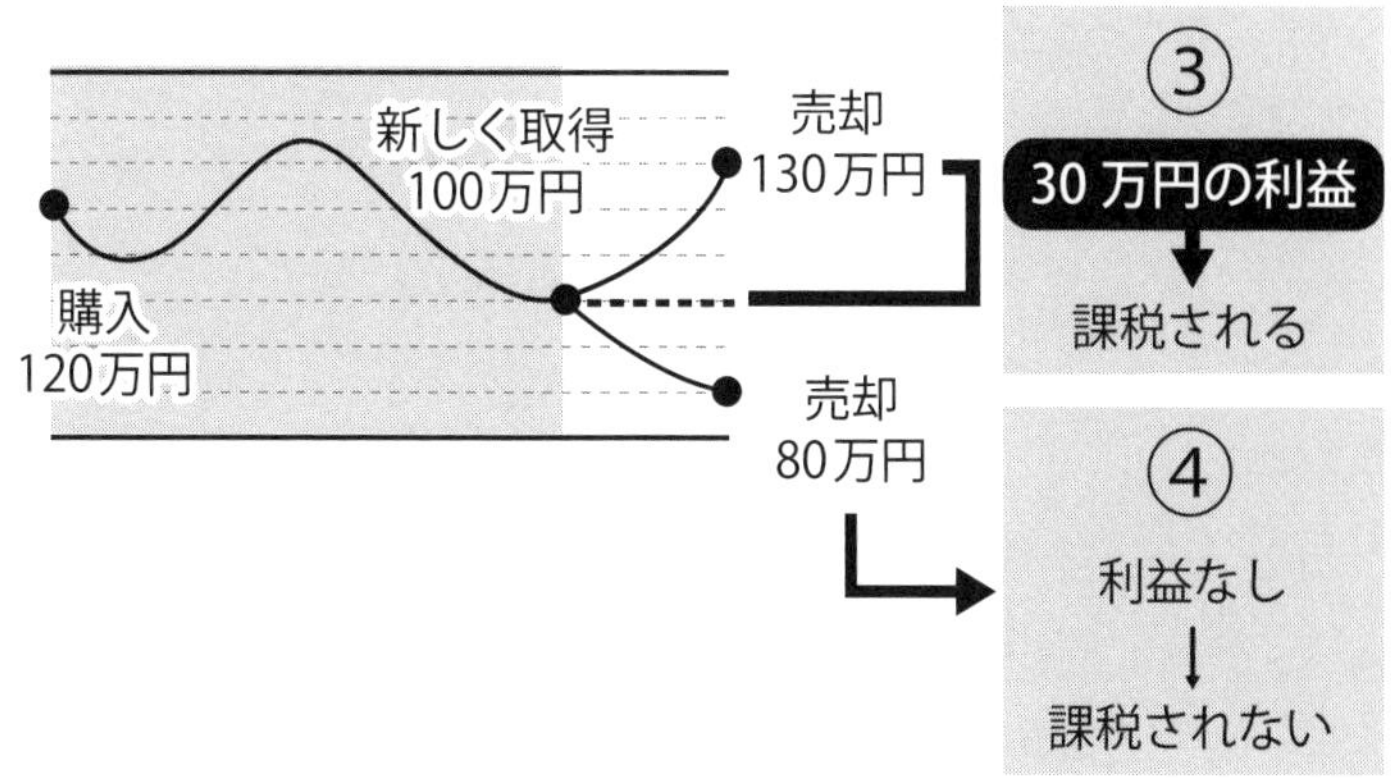

（金融庁ホームページ・NISA特設ウェブサイトをもとに作成）

7

iDeCoって何？

iDeCo《イデコ》とは、**「個人型確定拠出年金」**の愛称で、ここ数年急に見聞きするようになりました。もともとの制度自体は2001年に登場したものですが、どうしてここ数年で急に知名度があがったのでしょうか？

それは2017年に、専業主婦や公務員など、今まで加入対象でなかった人も加入できるようになったことで、ほぼ現役世代のすべてが利用できるようになったからです。

しかし、この「個人型確定拠出年金」という名前で勘違いしている人も多いかもしれません。

「確定」という言葉が制度名に入っていると、なんだか安全だと思ってしまいそうです。「決まったお金がもらえる年金制度なんだ」と思ってしまいがちですが、まったく違います。

ちゃんと確認すると「確定拠出」ですから、「拠出」、つまり支払いは確定ですが、もら

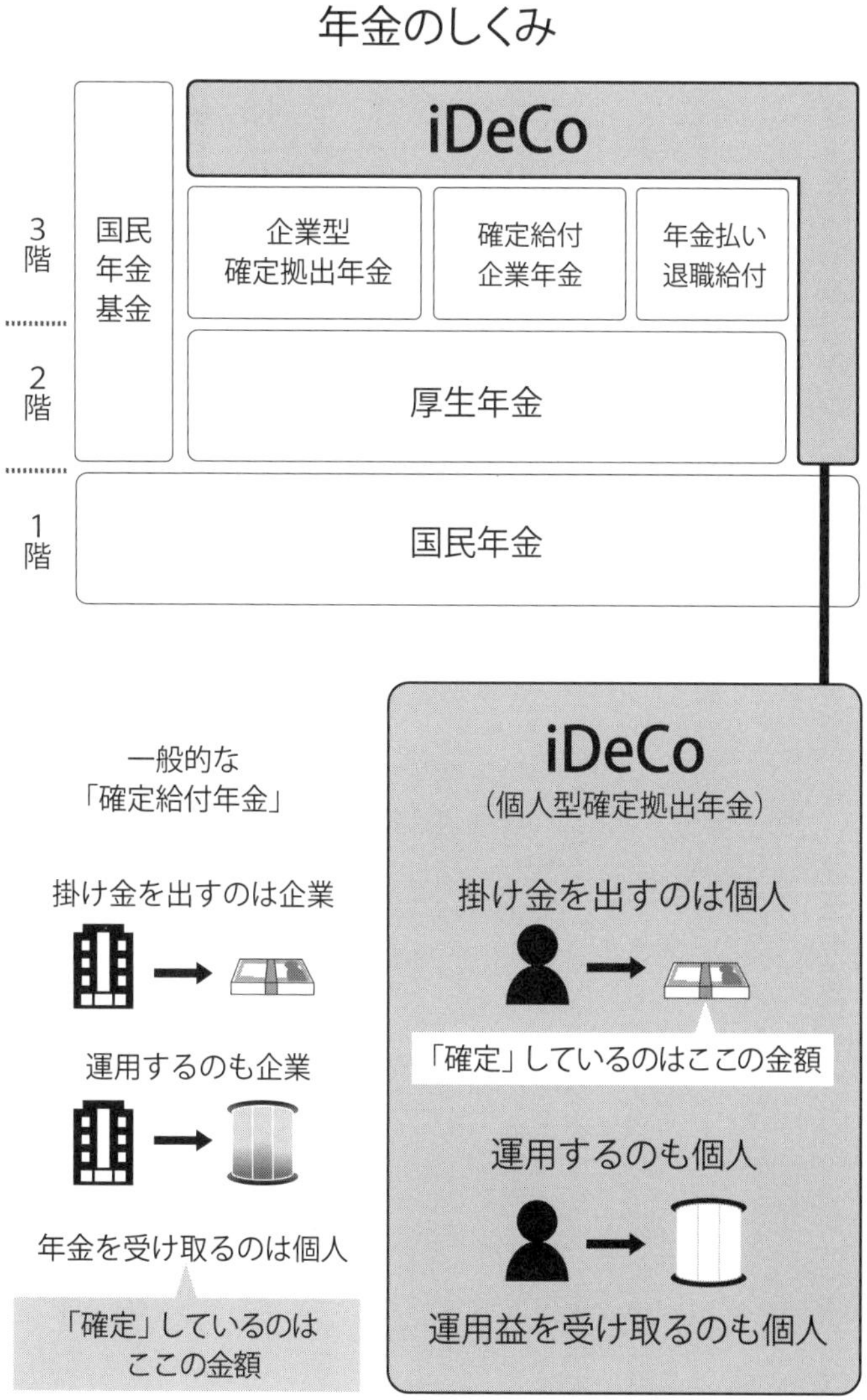
年金のしくみ
iDeCo
3階
国民年金基金
企業型確定拠出年金
確定給付企業年金
年金払い退職給付
2階
厚生年金
1階
国民年金
一般的な「確定給付年金」
掛け金を出すのは企業
運用するのも企業
年金を受け取るのは個人
「確定」しているのはここの金額
iDeCo
(個人型確定拠出年金)
掛け金を出すのは個人
「確定」しているのはここの金額
運用するのも個人
運用益を受け取るのも個人

える年金額が確定だとはどこにも書いてありません。

じつは「確定拠出」とは、「確定給付」という、従来の確実にもらえるという意味の対義語として登場したものなのです。ですからｉＤｅＣｏとは、**自分が「拠出」した掛金を自分で運用し、将来の年金となる資産を形成する制度**なのです。掛金を60歳になるまで拠出し、60歳以降に老齢給付金を受け取ることができる制度です。

加入できるのはほぼ現役世代のすべての人ですが、掛金の上限は細かく決まっています。月々５０００円から始められ、１０００円単位で自由に設定できます。

iDeCoの運用

くどいようですが、ｉＤｅＣｏはあくまでも制度です。この制度を使って掛金を運用をしていくことになります。

運用は、「運営管理機関」と呼ばれる金融機関を自分で選んで行います。

商品は、運営管理機関が選定する運用商品の中から自由に組み合わせて運用します。

運営管理機関は運用商品の説明は行いますが、特定の運用商品について「この商品は儲かりますか？」などという質問やアドバイスなどを受けることはできません。運用にあたっ

iDeCoの掛金上限額は働き方によって変わる

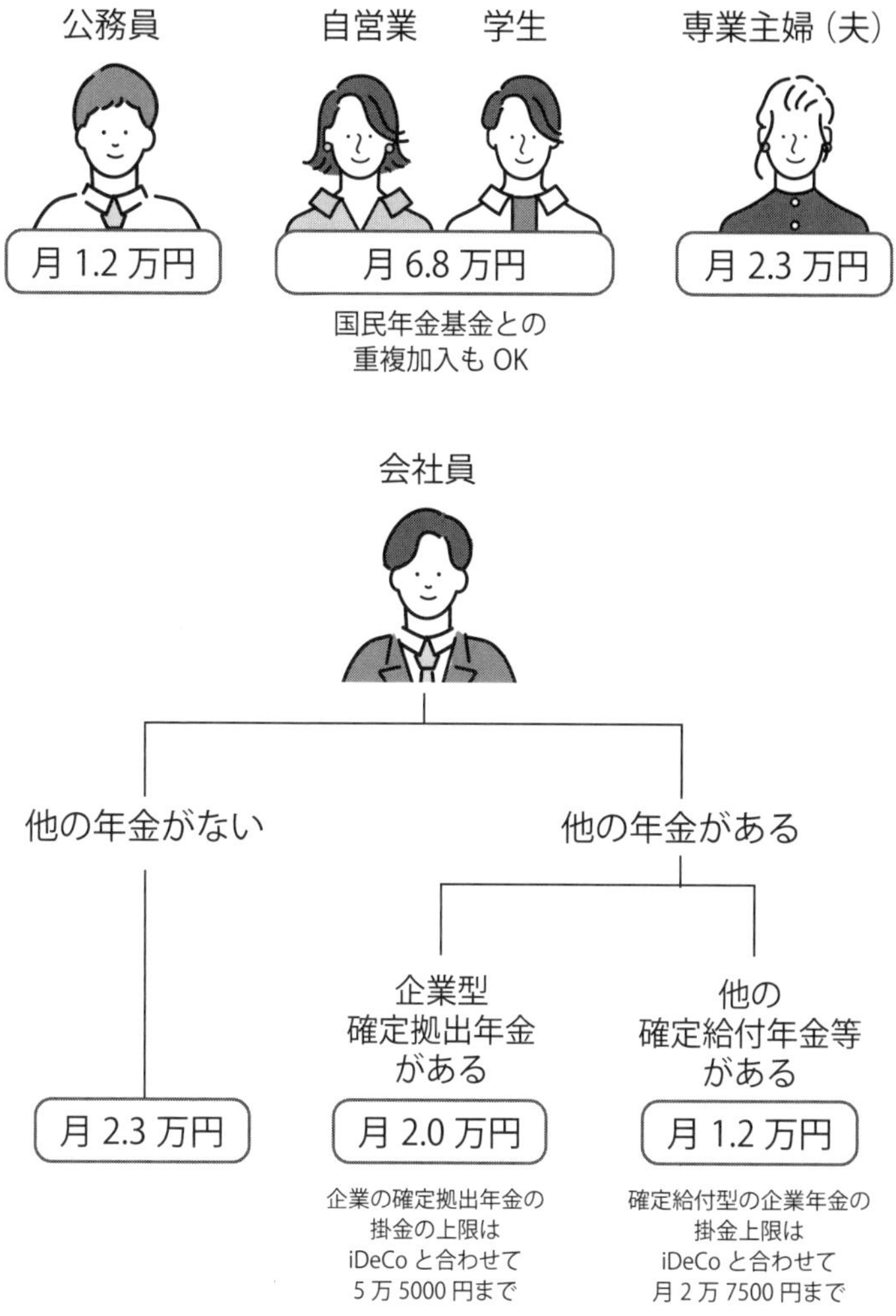

ては、資産運用の基本を理解した上で、自分の許容するリスクや目標利回りなどを決めないといけません。定期的に運用状況の確認を行い、必要に応じて運用商品の変更を行うことを心がけましょう。

さらに、自分で決めた運用方針に沿って運用商品を選択し、どの運用商品をどれだけ購入するかの配分を自分で決める必要があります。

つまり、**普通の資産運用とそれほど変わりはありません**。運用商品を購入する以上、リスクはあるということです。

なお、選択肢の中には元本確保型の商品もあります。そのため、制度そのものとしては、iDeCoはNISAよりも難易度は比較的低いと言えるでしょう。

iDeCo制度内での資産運用は…

普通の資産運用とそれほど変わらない

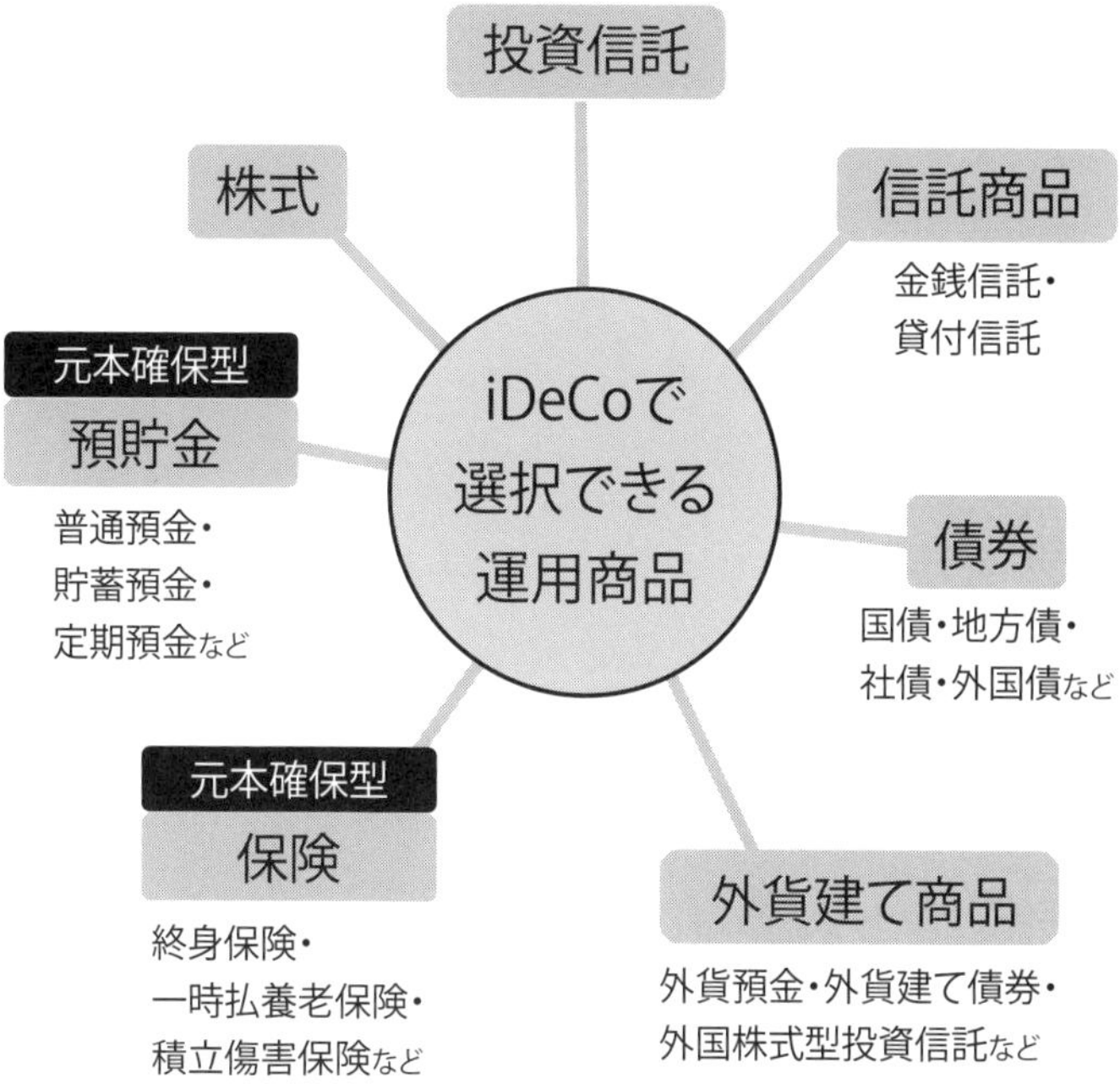

※運営管理機関によっては元本確保型の商品の取扱がない場合もあります

8

iDeCoのメリット

iDeCoの運用は、普通の資産運用とそれほど変わりありません。とはいえ国が推奨している制度ですから、メリットもたくさんあります。

iDeCoには大きく分けて3つのメリットがありますので、順番に説明していくことにしましょう。

メリット① 掛金が全額所得控除される

一番大きなメリットは、掛金全額が所得控除の対象となる点です。つまり、**税金が安くなる**ということです。

仮に毎月の掛金が1万円の場合、所得税10％、住民税10％とすると、年間2・4万円の税金が軽減されます。年間12万円の掛金で2・4万円税金が安くなるので、つまり9・6万円の支払いで、12万円分の掛金をかけていることと同じというわけです。

メリット②　運用益も非課税で再投資できる

通常、金融商品を運用すると運用益に課税されますが（20・315%）、iDeCoなら非課税で再投資できます（本来は特別法人税（積立金に対し年1・173%）がかかるのですが、現在は課税が停止されています）。

メリット③　受け取る時も大きな控除がある

iDeCoで貯めたお金は、将来、「老齢給付金」という名前で受け取ることになります。受け取り方法は、「年金」か「一時金」のどちらかを選択できます（金融機関によっては年金と一時金を併用することも可能）。

税金は、お金を受け取った時にかかります。残念ながらiDeCoの場合も、「年金」「一時金」どちらの場合も課税対象となります。値上がり益だけでなく、元本部分も課税対象となります。

ただ、前述したとおり、iDeCoは自分で自分の年金をつくるための制度ですから、大きな控除額が用意されています。

・「年金」で受け取る場合の節税効果

「年金」は、老齢給付金を通常の老齢年金と同じように分割で受け取る形式で、5年以上20年以内の期間を自分で決められます。

この場合の給付金は厚生年金などと同じ扱いになり「雑所得」として課税されますが、他の公的年金等の収入との合算額に応じて、「公的年金等控除」の対象となります。

公的年金等の収入の合計額※が65歳未満だと70万円まで、65歳以上だと110万円まては税金がかかりません。

例えば、65歳以上の人で公的年金等の収入の合計額が350万円の場合には、235万円（350万円×75％－27万5000円＝235万円）が課税対象となります。

※「公的年金等の収入の合計額」とは主に以下の合計金額となります。
1 国民年金法、厚生年金保険法、国家公務員共済組合法などの法律の規定に基づく年金
2 恩給（一時恩給を除きます）や過去の勤務に基づき使用者であった者から支給される年金
3 確定給付企業年金契約に基づいて支給を受ける年金
4 外国の法令に基づく保険または共済に関する制度で1に掲げる法律の規定による社会保険または共済制度に類するものに基づいて支給を受ける年金

（国税庁「公的年金等の課税関係」より）

iDeCoのメリット

税金が安くなる!
所得税・住民税どちらも軽減される

掛金が全額所得控除される

運用益も非課税で再投資できる

受け取る時も大きな控除がある
↓

公的年金等に係る雑所得の速算表（令和２年分以後）

公的年金等に係る雑所得以外の所得に係る合計所得金額が1,000万円以下

年金を受け取る人の年齢	(a) 公的年金等の収入金額の合計額		(b) 公的年金等に係る雑所得の金額	
65歳未満	60万円以下		収入金額の合計額	0円
	60万円以上	130万円未満		−60万円
	130万円以上	410万円未満		×0.75−27.5万円
	410万円以上	770万円未満		×0.85−68.5万円
	770万円以上	1,000万円未満		×0.95−145.5万円
	1,000万以上			−195.5万円
65歳以上	60万円以下		収入金額の合計額	0円
	110万円以上	330万円未満		−110万円
	330万円以上	410万円未満		×0.75−27.5万円
	410万円以上	770万円未満		×0.85−68.5万円
	770万円以上	1,000万円未満		×0.95−145.5万円
	1,000万以上			−195.5万円

（国税庁「公的年金等の課税関係」より）

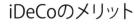

・「一時金」で受け取る場合の節税効果

「一時金」で老齢給付金を受け取る場合は、一括の受け取りとなります。この場合は給付金は退職金と同じ扱いになり、「退職所得控除」の対象となります。

退職金と同じ扱いなので、勤続年数（積立期間）が長いほど控除額が大きくなります。

勤続年数20年以下…40万円×勤続年数（80万円以下の場合は80万円）
勤続年数20年超…800万円＋70万円×（勤続年数－20年）

例えば、勤続30年の場合、退職金等と合わせて1500万円まで非課税になります（20年超800万円＋70万円×（30年－20年）＝1500万円）。

退職金は、税制上とても優遇されています。右の範囲内に収まれば、元本も利益も非課税となります。さらに、この範囲をオーバーしたとしても、超えた分だけが課税の対象となるので、税額は小さくなります。

繰り返すようですが、iDeCoでは値上がり益だけでなく元本部分も対象ですから、運用で儲かっていなくても、場合によっては税金がかかる可能性があります。売却時に出た運用益が全額非課税になるＮＩＳＡとはここが大きく違います。しかし、それを考慮したとしても、大きな税額控除枠は魅力的です。

ただ逆に言えば、**税金をあまり払っていない方は要注意です**。

例えば、配偶者の扶養の範囲内でパートをしていて、年収を１０３万円以内に抑えて税金が発生しないようにしている専業主婦（国民年金の第３号被保険者）の方は、この税額控除の恩恵を受けることができません。

だからといって、１０３万円を超えて働けばいいかといえば、そうとも言えません。年収１３０万円※を超えると社会保険料を自分で納めることになり、トータルでは損をしてしまうおそれがあります。

１０３万円〜１３０万円の間の年収で税金を払っている場合には税額控除の恩恵を受けることができますが、その他の生命保険料控除等を考えるとそれほどのメリットであるとは思えませんので、十分注意が必要です。

※従業員が１００人を超える企業にお勤めの国民年金の第３号被保険者の方の場合、年収１０６万円

9

iDeCoのデメリット

さて、少しややこしい部分もありましたが、iDeCoのメリットについて説明させていただきました。

これだけのメリットを詰め込んでいるのですから、よほど国としては利用を促進したいのでしょう。これは、「老後の生活のためのお金は自分で準備してもらいたい」というメッセージだと受け取った方がよさそうです。

しかし、これだけのメリットのある制度ですから、当然デメリットも存在します。

デメリット① 60歳まで引き出せない

一番大きなデメリットは「原則60歳までお金を引き出すことができない」ということです。

iDeCoの目的は、老後のための資産形成です。そのため、原則60歳まで掛金や運用

iDeCoのデメリット

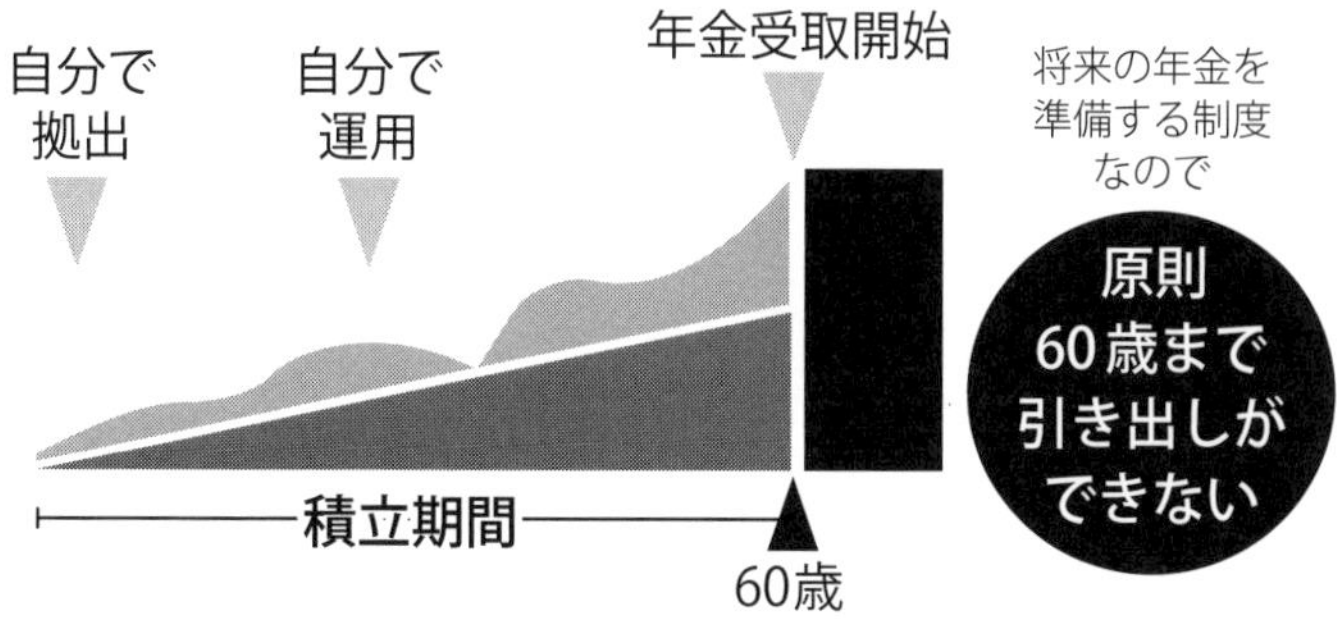
自分で拠出
自分で運用
年金受取開始
積立期間
60歳
将来の年金を準備する制度なので
原則60歳まで引き出しができない

こんな人は注意しよう

所得が少ない人・税金を払っていない人
節税効果＜手数料となる場合もある
60歳までに大きな支出の予定がある人
など

掛け金の変更	停止	脱退
1年に1回 1,000円単位	それまで積み立てた額の運用は続く ↓ 手数料は一部支払い続ける （毎月66円～）	可能だがいくつかの条件をクリアする必要がある

益を引き出すことができません。

例えば定期預金なら、老後資金として貯めていたとしても、予定外の大きな出費があった時は、解約して使うことができます。しかしｉＤｅＣｏは原則60歳まで引き出すことはできず、勤務先を退職しても原則60歳までは継続しなければなりません。

ｉＤｅＣｏを脱退して一時金を受け取ることができるケースもありますが、それは国民年金保険料の納付を免除されていて、通算拠出期間が5年以下、個人別管理資産額が25万円以下であるなどの条件に当てはまる場合のみ。よほどの場合でない限り、60歳までは引き出せないと考えたほうがいいのです。

ですから、60歳までに大きな支出が発生する可能性があるものの、それに備えた蓄えがないという場合は、ｉＤｅＣｏ以外の方法を考えたほうがいいかもしれません。

なお、掛金の支払いが難しくなった場合は、掛金額の変更や停止ができます。

掛金の支払いを停止する場合「加入者資格喪失届」を提出する必要があります。停止後は年金資産の運用のみを行うことになり、運用指図者として金融機関へ毎月66円（税込）

の手数料を支払うことになります。

なお、再開するには、再度加入申込み手続きが必要です。

デメリット② 手数料や維持費がかかる

iDeCoには、税制優遇などのメリットと引き換えに、**手数料や維持費の負担**があります。

まず、口座を開設する際に支払う加入時手数料が2829円。これは、iDeCoを管理している国民年金基金連合会に支払うもので、どこの金融機関で口座を開設しても必要になります。

また、掛金を拠出している間は、この連合会のほか事務委託をしている金融機関に対し、毎月計171円以上の手数料を支払わなければなりません。

ネット証券会社などで「加入時手数料や口座管理手数料が無料」とうたっているところも多いですが、これは、その会社が独自に設定できる手数料が無料という意味なので、間違えないようにしてください。銀行などでは、毎月の口座管理手数料や加入時手数料に、各自で設定した手数料を上乗せしているところがあり、「一定の条件を満たせば無料」とする場合もあります。

手数料は運営管理機関と呼ばれる金融機関によって違います。初年度には５０００円程度から1万円、２年目以降は年間２０００円から７０００円ほどかかる場合もあります。なかなか無視できない額です。

元本確保型の安全な金融商品だけで運用していると運用益が期待できません。手数料が運用利回りを上回ってしまうこともあるので、気をつけなければいけません。

つまり、税金の控除というメリットがあるｉＤｅＣｏを利用するのであれば、リスクがある商品を利用して運用してみても良いということなのです。

iDeCoにかかる手数料と維持費

加入時手数料 2,829円 ＋ 運営管理費用・資産管理費用 毎月171円 ＋ 金融機関が各自で設定した手数料

国民年金基金連合会　運営管理機関　金融機関

↓

元本確保型の商品で運用する場合は
手数料の分だけマイナスになるかも？？

手数料の例

金融機関	加入時手数料	ランニングコスト（毎月）（積み立てを行う場合）	預貯金の場合の利率例
みずほ銀行	2,829円	171円	0.002
ゆうちょ銀行（ゆうちょAプラン）		422円	0.032
ＳＢＩ証券		237円	0.020
東京海上日動火災保険		523円	0.202

（2023年3月8日現在）

ただ多くの場合は

所得控除のメリット＞年間の管理費用

となる

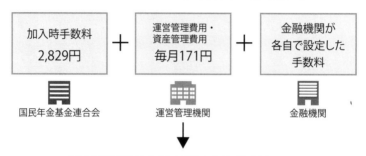

10

iDeCoはどう利用すればいい？

前項で紹介した「60歳まで引き出すことができない」というのは、iDeCoの最大のデメリットです。ですが逆に言えば、iDeCoを利用すれば自然と長期投資ができるということです。「つい手元のお金を使ってしまう」というような方にとっても、老後資金を準備するための方法としてはもってこいです。

また、3章でお話ししたように、ライフプランをしっかり組んでおけば、途中でまとまったお金が必要なタイミングも計画できるので、それを見越して掛金を設定することもできます。

手数料については、最近ではいろいろな比較サイトもありますから、運営管理機関である金融機関を選ぶのもそれほど労力がかからなくなりました。

さらに、サラリーマンで所得税・住民税を納めている人であれば、税額控除で手数料以上のメリットが出るはずです。

最終的に残る問題は、**お金の受け取り方**になります。

仮に、一時金での受け取りを利用する場合、退職金が多い人は、退職所得控除を会社からの退職金で使い切ってしまうことが考えられます。

もちろんその場合でも退職所得控除を超えた金額すべてに税金がかかるわけではなく、その２分の１が対象となるので、メリットがないわけではありませんが、運用による利益が全額非課税になるＮＩＳＡと比較すると、運用益次第では不利になるケースも考えられます。

ここまでくると、退職金の予定額や年金の受給額、現在の収入にかかる所得税率により有利・不利が分かれますので、一度専門家に相談したいところです。

働き方によって利用のしかたを変える

しかし、多くの中小企業の退職金は、それほど多くありません。退職金を１０００万円受け取ったとしても、勤続40年であれば２２００万円までは税金がかからないことになるので、まだ１２００万円の非課税枠があります。こういうケースであれば、ｉＤｅＣｏを十分利用できることになります。

ＮＩＳＡとｉＤｅＣｏ、どちら片方のみ利用することを考えるとどうか？

また、どちらも利用することを検討するなら、どのような使い分けをすればいいのでしょう？

順番としては、利用した方が有利と判断すれば、まず毎月の積立にｉＤｅＣｏを利用し、それでも余裕があるようなら新ＮＩＳＡのつみたて投資枠、さらに、すでに手元にある余裕資金を新ＮＩＳＡの成長投資枠で運用するというような組み合わせがいいかもしれません。

どちらにしろ、ＮＩＳＡとｉＤｅＣｏの制度を理解し、組み合わせながら運用していくことを考えましょう。

さて、ＮＩＳＡ・ｉＤｅＣｏという「制度」を理解したところで、最後に、その制度を使ってどんな「商品」で運用すればいいのかという話をしようと思います。

iDeCoはどう利用すればいい？

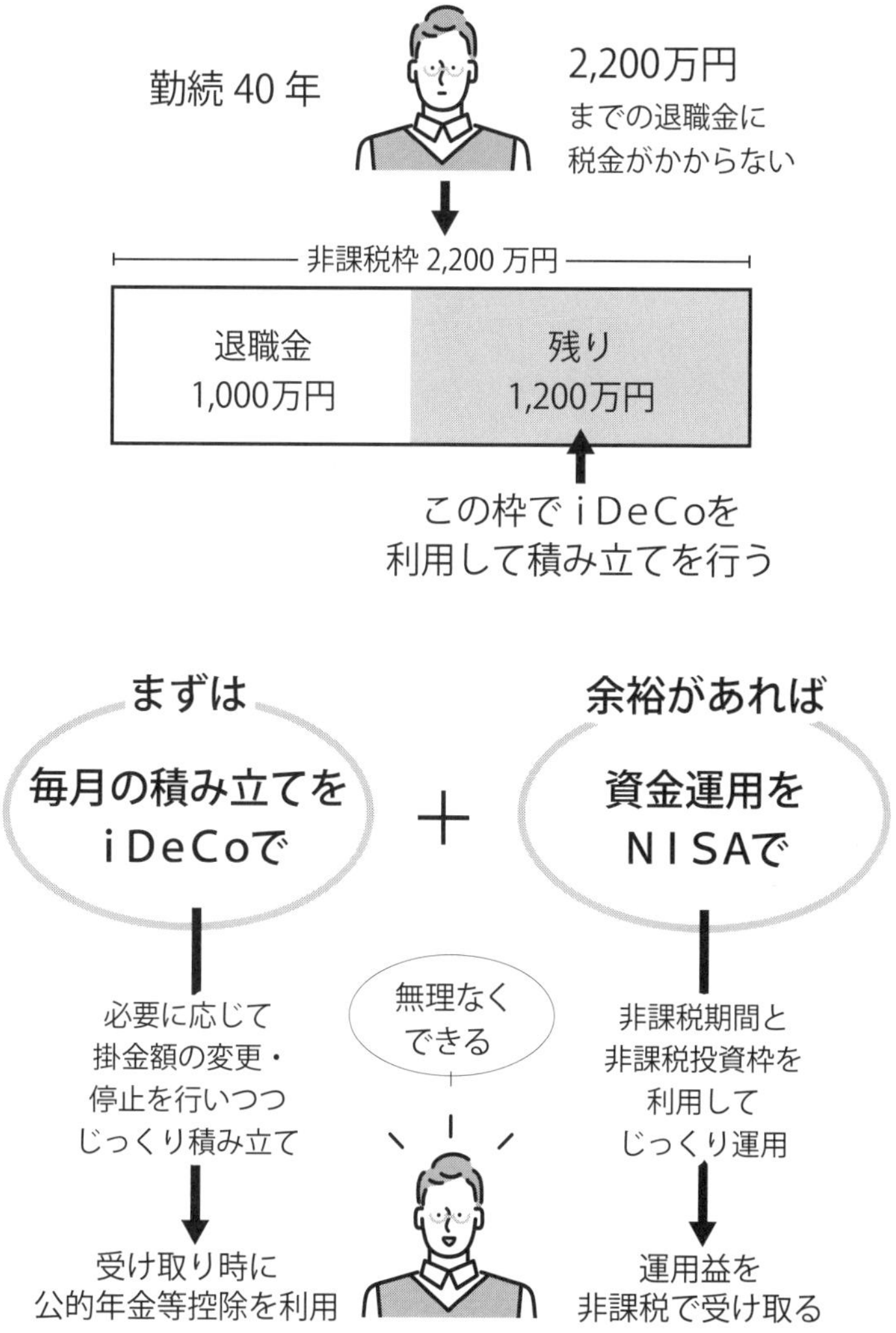

勤続40年
2,200万円
までの退職金に
税金がかからない
非課税枠2,200万円
退職金
1,000万円
残り
1,200万円
この枠でiDeCoを
利用して積み立てを行う
まずは
毎月の積み立てを
iDeCoで
＋
余裕があれば
資金運用を
NISAで
必要に応じて
掛金額の変更・
停止を行いつつ
じっくり積み立て
受け取り時に
公的年金等控除を利用
無理なく
できる
非課税期間と
非課税投資枠を
利用して
じっくり運用
運用益を
非課税で受け取る

11

どんな「商品」で運用すればいい？

最後に少し整理をしましょう。

資産運用をギャンブルにしないためには、「長期投資」と「分散投資（資産分散、地域分散、時間分散）」の基本を知っておくことが重要です。

さらに、この基本を一般の私たちでも可能にしてくれるのが「投資信託（ファンド）」という商品です。その投資信託を購入する上で、税制上有利な制度が「ＮＩＳＡ」と「ｉＤｅＣｏ」ということでした。

ここまで理解した上で、一番気になるのが、「どんな商品を選択すればいいのか？」ということですよね。

これればかりはすべての人に共通する正解はありません。たとえ今までの運用成績が良い商品があったとしても、それはあくまでも〝今までの成績〟であって、〝これから先〟を保証してくれるものではありません。

とはいえ、「では、これから資産運用していくにあたって、指標になるような考え方はないのでしょうか?」と質問されれば、そうでもありません。

投資の原則を考える

もう一度、左の表に登場してもらいましょう。

この表を見るとどうしても、「国内の資産で運用する方がリスクが少ない」と考えてしまいます。

もちろん、国内で運用していれば、円高や円安といった為替リスクを避けることができる分、安全だと言うこともできます。
しかし、それだけで判断してしまうのは禁物です。
その理由のひとつを示している

のが、左上の①のグラフです。

これは、日本経済と日本以外の世界経済の経済成長をグラフにしたものです。日本が横ばいなのに対して、世界経済は成長していることが分かります。同じ指標で、株価の推移を表にすると②のようになります。つまり、経済の成長に合わせるように、株価も推移するのです。

なぜこうなるのかという理由は様々ありますが、大きな原因のひとつが、人口の推移です。日本は、2010年を境に減少に転じ、この先も減少していくことが予測されています。それに比べてアメリカの人口はといえば、この先も増えていく予測になっています。人口が増えていくということは、その分経済も大きくなっていくということです。経済が大きくなっていくということは、株価も上昇する可能性が高いということになります。

経済が大きくなるマーケットに投資をする。

これは資産運用の原則です。

もちろん、中国やインド、アフリカといった、これから経済が大きくなっていく新興国もありますが、政治・経済の安定度を考えれば、先進国の方がリスクは少ない。そう考え

①日本経済と世界経済の推移

（世界全体と日本の名目GDP）

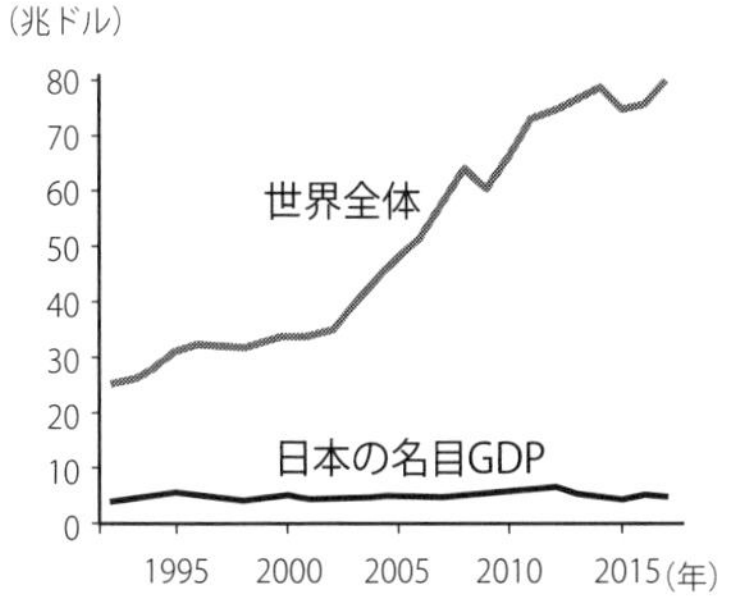

②日本株と世界株の推移

（代表的な株価指数の推移）

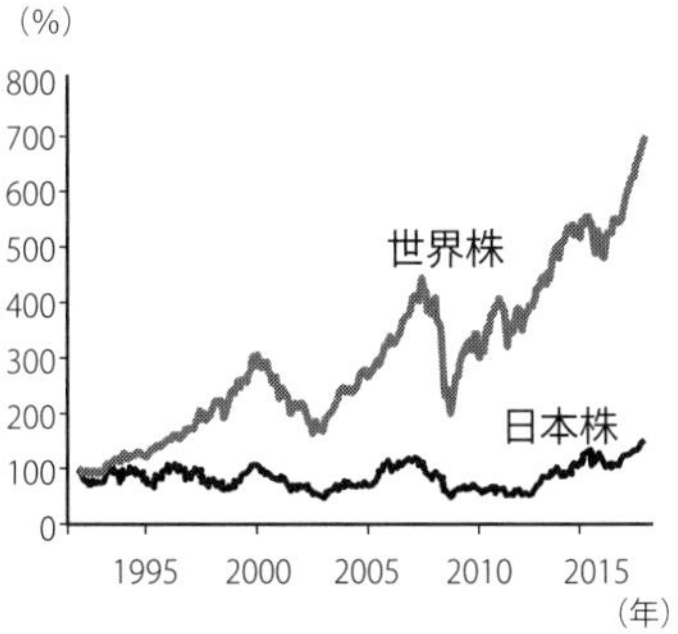

（（注）世界株の指数には、先進国および新興国の代表的な銘柄で構成される「MSCIオール・カントリー・ワールド・インデックス（MSCI ACWI、配当込み）」、日本株の指数には東京証券取引所市場第一部に上場する国内株式全銘柄を対象とする「東証株価指数（TOPIX、配当込み）」を使用）

（ウェルスナビ「なぜ「日本」だけでなく「世界」に投資したほうがいいのか」https://www.wealthnavi.com/contents/column/53/より）

将来の世界人口の予測

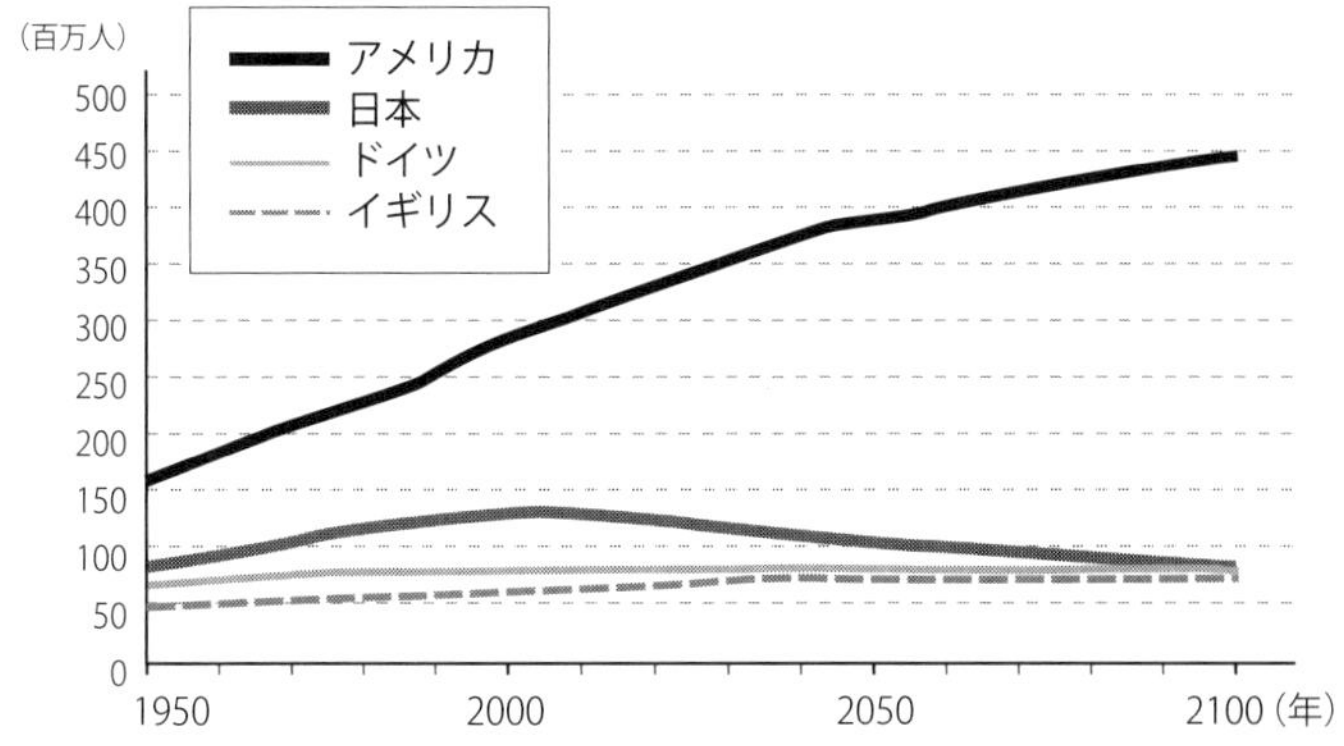

（国際連合「World Population Prospects」をもとに作成）

ると**アメリカの市場を中心に資産運用することを念頭に置く**ことになります。

アメリカのように市場が右肩上がりの場合は、市場の平均に対して投資します。２章の投資信託の運用方法で登場した、「インデックス運用」という方法です。

アメリカの代表的な株価指数としては、「ＮＹダウ」や「Ｓ＆Ｐ５００」などがあります。これらをベンチマークとして、インデックス運用されている投資信託での資産運用に挑戦していくことを検討してみるのはいかがでしょうか？

実際、この数年でドル資産への投資は急拡大しています。

繰り返しになりますが、ドル資産への投資は、円安・円高といった為替リスクがあります。ですからリスクが低い投資だとは言えません。しかし、日本経済の成長が見込めない以上、アメリカ市場への投資・運用にも慣れていく必要があります。

少しずつで構いません。インデックス運用の投資信託を購入するあたりから、始めていきましょう。

アメリカの主要株価指数の過去30年の動き

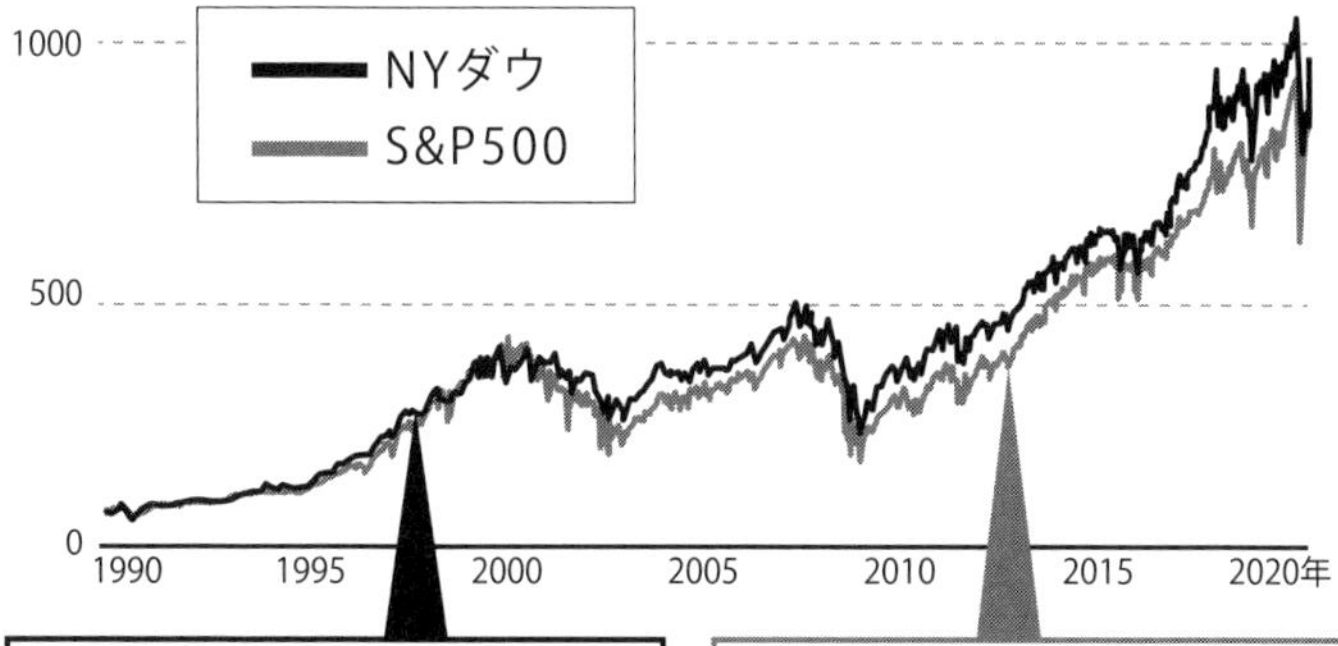

従来型の大企業が多い **NYダウ**

アメリカの上場企業の中から代表的な30社を選定して算出した指数。アメリカを代表するような大企業が多い。

米市場全般への投資 **S&P500**

アメリカの上場企業の中から代表的な 500 社を選定して算出した指数。アメリカ株式の時価総額の約80%をカバーしている。

（グラフ出典：モーニングスター　https://www.morningstar.co.jp/market/2020/0623/fund_00867.html）

ドル資産（ドル建ての投資信託の純資産残高）への投資

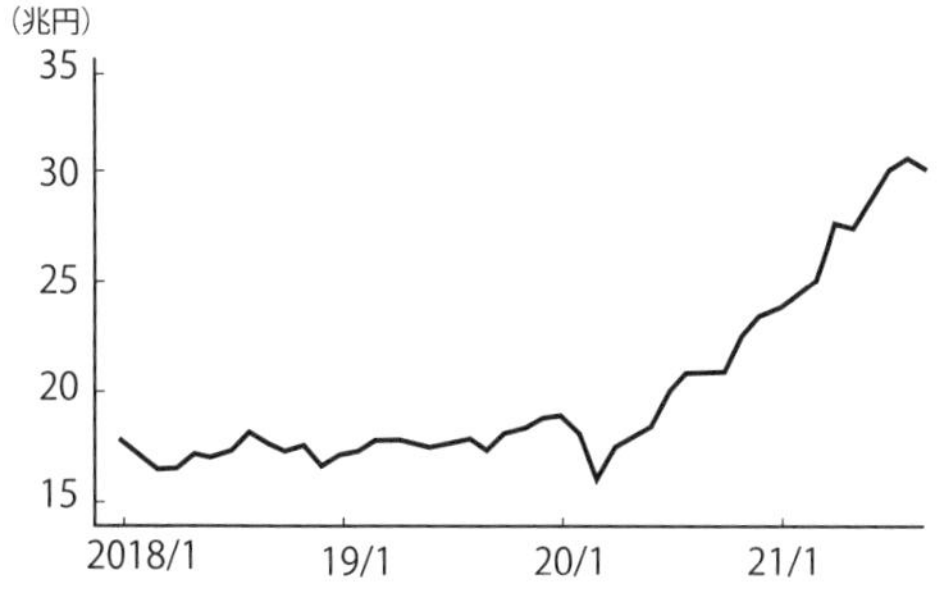

（注）投資信託協会のデータからみずほ銀行作成・為替相場の変化を勘案したベース
（日本経済新聞「家計資産、円離れの「空気」」https://www.nikkei.com/article/DGK-KZO60352230W2A420C2EN8000/ より）

おわりに
人生100年の時代のために

じつはこの本は、新型コロナが蔓延する前に書き始めました。

書いている間に、環境が刻々と変化していきました。

緊急事態宣言が出された後、日経平均は一時1万7000円を割り込み経済状態は悪化。

しかしその後3万円台へと上昇。そうかと思えば、ロシアによるウクライナ侵攻が始まり、エネルギー価格は高騰。追い討ちをかけるように円安……。

とにかくジェットコースターのような変わりようです。

私自身、書き始めた時は40代だったのですが、今年で50歳になります。

3人の子どものうち2人は、コロナ禍の中で社会人となりました。末子も高校生となり、子育てという部分では親の仕事も残りもうわずか。

この変化の中で、自分たちの老後への備えをしていくことをリアルに感じながら書かせていただいた本になりました。

冒頭で書いたように、いろいろと困難の多い時代です。日頃からお金に携わっている私でも不安になるのですから、皆さんはもっと不安だと思います。

「資産運用が必要だと思っているけど、何からしたらいいのだろうか?」

「そもそも、そんなことする必要はあるのだろうか?」

そんな疑問に本書が少しでも役に立つことができればと思います。

最後にもうひとつ。

本書の中で、運用の基本は「長期運用」だとお話しさせていただきました。

こういう話をすると「もう50歳だから、長期で運用することができないのでは?」という質問をされることがあります。

そんな方に、私はいつも次のようにお答えします。

「私たちが老後を迎える頃には、人生100年が当たり前になっていますよ」

人生100年と考えれば、50代はやっと折り返しを迎えたところ。この先の時間はまだまだあります。

ですから「今さら運用しても間に合わない」ではなく、**「これからやっと運用の勉強だね」**というふうに、少し気楽に考えてもらえればと思います。

きっと、この先資産運用はもっともっと当たり前のものになっていきます。ですから、本書を手にとっていただいたこの機会に、焦らず、少しずつでいいので始めていただければと思います。

【著者】

岡崎充輝(おかざき・みつき)

地元商工会で、中小企業の経理指導、経営指導をするかたわら独学でファイナンシャルプランナー資格を取得。税金から社会保険にいたるまで幅広い知識を駆使しながら、個人家計の顧問FPとして年間100件以上の家計相談、30回以上のセミナー講師を務める。

株式会社ヘルプライフオカヤ代表取締役のほか、一般社団法人ライフプランアドバイザー協会代表理事も務める。

著書に『32歳までに知らないとヤバイお金の話』『定年までに知らないとヤバイお金の話』(小社刊)等がある。「知らないとヤバい」シリーズは累計50万部以上発行。

資格:2級ファイナンシャルプランニング技能士、AFP(日本FP協会認定)、貸金業務取扱主任者(国家資格)、証券外務員1種。

図解　50歳からでも間に合う かんたん資産運用術

2023年4月20日　第一刷

著　者　岡崎充輝

発行人　山田有司

発行所　株式会社　彩図社《さいずしゃ》

〒170-0005　東京都豊島区南大塚3-24-4 MTビル
TEL:03-5985-8213
FAX:03-5985-8224

印刷所　シナノ印刷株式会社

URL　https://www.saiz.co.jp
Twitter　https://twitter.com/saiz_sha

ISBN978-4-8013-0656-1 C0033

(43ページイラスト:Nattalu_Elka/Shutterstock.comをもとに作成)

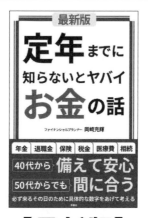